小康中国之路

周锟 著

四川人民出版社

图书在版编目（CIP）数据

小康中国之路 / 周锟著. -- 成都：四川人民出版社，2022.8
 ISBN 978-7-220-12763-2

Ⅰ.①小… Ⅱ.①周… Ⅲ.①小康建设-中国 Ⅳ.①F124.7

中国版本图书馆CIP数据核字(2022)第129608号

小康中国之路
XIAOKANG ZHONGGUO ZHI LU
周锟 著

出 版 人	黄立新
策划组稿	章 涛 邹 近
推广统筹	李真真
出版统筹	张立园 石 龙
责任编辑	段瑞清 张东升
推广执行	杨 立 谢春燕
版式设计	成都原创动力
封面设计	张 科
责任校对	申婷婷
责任印制	李 剑
出版发行	四川人民出版社（成都三色路238号）
网 址	http://www.scpph.com
E-mail	scrmcbs@sina.com
发行部业务电话	（028）86361653 86361656
防盗版举报电话	（028）86361661
印 刷	四川华龙印务有限公司
成品尺寸	170mm×240mm
印 张	17
字 数	181千
版 次	2022年9月第1版
印 次	2022年9月第1次印刷
书 号	ISBN 978-7-220-12763-2
定 价	70.00元

■ 版权所有·侵权必究
本书若出现印装质量问题，请与我社发行部联系调换
电话：（028）86361656

目 录

前　言　001

第一章 寻路　中国现代化道路的探索　001

1. "四个现代化"的宏伟目标　003
2. 向内看，向外看　012
3. 重大调整——"中国式的现代化"　020

第二章 指路　小康社会理论的形成　027

1. "小康"目标的诞生　029
2. 小康社会理论初成　039
3. 开放与改革　045
4. 两手抓、两手都要硬　062
5. "三步走"的百年战略　070

第三章 行路　总体小康水平的达到　077

1. 小康临界值的制定　079
2. 开发浦东与南方谈话　083
3. 社会主义市场经济与提前翻两番　102
4. "新三步走"的提出　111
5. 总体达到小康水平　114

第四章 扩路 全面小康社会的建设　129

1. 全面建设小康社会新目标的提出　131
2. 抗击"非典"与科学发展　137
3. 建设社会主义和谐社会　145
4. 生态文明建设　154
5. 转变经济发展方式　157

第五章 成路 全面小康社会的建成　175

1. 中国特色社会主义新时代的开启　177
2. 贯彻新发展理念　189
3. 决胜脱贫攻坚　197
4. 推进乡村振兴　207
5. 树立文化自信　226
6. 守护绿水青山　234

第六章 定路 迈向现代化国家的道路自信　241

1. 小康中国之路是中国特色社会主义道路的重要段落　243
2. 小康中国之路演绎改革开放精神　248
3. 小康中国之路确立迈向现代化国家的道路自信　252

参考文献　257

后　记　264

前言 preface

小康中国之路，是一条怎样的路？

小康中国之路，是中国现代化道路的一个段落。

这是一个极其关键的段落。这条小康中国之路，是中国人民历经异常艰辛的追寻探索，最终在中国共产党的领导下，突破层层迷雾寻找到实现现代化的正确方向，并通过艰苦奋斗在荒草荆棘中开辟出来的宝贵道路。

小康中国之路，是中国特色社会主义道路的开创阶段。

这是一个精彩纷呈的阶段。这条小康中国之路，是在改革开放的大决策、大视野、大格局中开创出来的，是国家的领路者在人民群众最广泛社会实践的基础上，通过不断深刻总结、开拓创新和理论升华产生的思想指针，指引全国各族人民用拼搏实干建设起来的辉煌道路。

小康中国之路，是中国迈向社会主义现代化国家的重要前导。

这是一个坚实可靠的前导。这条小康中国之路，是克服重重困难险阻，历经形成小康社会理论、总体达到小康水平、全面建设小康社会、全面建成小康社会的奋进历程，为民族复兴奠定牢不可摧的物质基础和精神基础，引导中华文明焕发新的生机，并为未来向社会主义现代化国家迈进指明清晰前进方向的胜利道路。

　　小康中国之路，是我们必须认真考察的历史瑰宝。

第一章

中国现代化道路的探索

寻找一条正确的现代化道路,需要历经多少艰难?

寻路

1. "四个现代化"的宏伟目标

中华文明，曾领先于世界。到清朝乾隆末年，中国经济总量还居世界第一，人口占世界三分之一。但是，绝对贫困问题几千年来一直困扰着中华民族，中华文明始终没有真正摆脱物质短缺的不发达泥潭。因此，古人曾经孕育了很多相关的美丽梦想，譬如"小康之家"就作为生活宽裕、安定的象征在中国传统文化里占据重要的位置。然而，世外桃源只是乌托邦般的幻想。即便在短暂的古代"盛世"，大量无地和少地农民也难得温饱，"盛世"之下隐藏着下一轮社会危机的病灶。唐代诗人李绅哀叹："春种一粒粟，秋收万颗子。四海无闲田，农夫犹饿死！"中国几千年的历史，灾荒饥馑、农民起义、朝代更迭不断上演。

当大清王朝沉湎于康乾盛世的繁荣之时，西方开始了工业革命，各主要国家大约用了200年的时间先后完成了工业化。经过20世纪的两次世界大战，美国跃居西方乃至全世界的领先地位，并延续至今。

实现现代化，是几代中国人的梦想。

为了开启中国现代化的航船，从张之洞、李鸿章操办的"洋务运动"，到郑观应、张謇鼓吹的"实业救国"；从康有为、梁启超主持的"维新变法"，到孙中山领导的辛亥革命，我们的先哲们苦苦求索，曾为之拼搏了百年，可是这些重要历史人物的努力最终都功亏一篑。

革命先行者孙中山虽然没有使用过"现代化"的概念，但其《建国方略》包含了丰富的现代化思想，是探索中国现代化道路的重要著作。譬如其中由8方面、6计划共33个部分组成的《实业计划》充分体现了他关于中国经济现代化的具体构想，孙中山提出的"中国乃极贫之国，非振兴实业不能救贫"[①]，"发达工业以图全国民之福利"[②]，"惟发展之权，操之在我则存，操之在人则亡，此后中国存亡之关键，则在此实业发展之一事也"[③]，"盖欲使外国之资本主义，以造成中国之社会主义"[④]等重要观点，正是在中国现代化道路探索方面"留给我们许多有益的东西"[⑤]。因此，毛泽东在《纪念孙中山先生》一文中指出："现代中国人，除了一小撮反动分子以外，都是孙先生革命事业的继承者。"[⑥]以孙中山为代表，中国人曾经以现代化为目标奋起直追，然而在那个半殖民地半封建的、分裂的中

---

① 《孙中山全集》，中华书局1982年版，第339页。
② 《孙中山选集》上卷，人民出版社1956年版，第317页。
③ 《孙中山选集》上卷，人民出版社1956年版，第186页。
④ 《孙中山选集》上卷，人民出版社1956年版，第338页。
⑤ 《毛泽东文集》第7卷，人民出版社1999年版，第156页。
⑥ 《毛泽东文集》第7卷，人民出版社1999年版，第156页。

国，无数珍贵的梦想都在迷茫和绝望中幻灭了。

随着中国共产党人逐步走向政治上的成熟，对中国现代化道路的探索出现了曙光。

1945年4月在党的七大上，毛泽东在《论联合政府》的政治报告中指出："在新民主主义的政治条件获得之后，中国人民及其政府必须采取切实的步骤，在若干年内逐步地建立重工业和轻工业，使中国由农业国变为工业国。"①"中国工人阶级的任务，不但是为着建立新民主主义的国家而斗争，而且是为着中国的工业化和农业近代化而斗争。"②这里使用的是"工业化和农业近代化"的概念。

之后，1949年3月，毛泽东在党的七届二中全会上进一步提出："在革命胜利以后，迅速地恢复和发展生产，对付国外的帝国主义，使中国稳步地由农业国转变为工业国，把中国建设成一个伟大的社会主义国家。"③在这份包括十个部分的报告中，毛泽东在第六部分专门讲了"经济建设工作"的问题，并且开始正式使用了"现代化"的概念。他谈道："我们已经或者即将区别于古代，取得了或者即将取得使我们的农业和手工业逐步地向着现代化发展的可能性。"④"占国民经济总产值百分之九十的分散的个体的农业经济和手工业经济，是可能和必

---

① 《毛泽东选集》第3卷，人民出版社1991年版，第1081页。
② 《毛泽东选集》第3卷，人民出版社1991年版，第1081页。
③ 毛泽东：《在中国共产党第七届中央委员会第二次全体会议上的报告》，人民出版社2004年版，第21页。
④ 毛泽东：《在中国共产党第七届中央委员会第二次全体会议上的报告》，人民出版社2004年版，第8页。

须谨慎地、逐步地而又积极地引导它们向着现代化和集体化的方向发展的"①。

中华人民共和国的建立,为民富国强的现代化梦想奠定了必要的政治条件和经济基础。

中华人民共和国成立后,特别是随着社会主义基本制度在中国的建立,中国共产党和中国人民开始了建设社会主义现代化的伟大历程,但此时对中国现代化道路的正确认识尚未清晰,相关的艰辛探索是在实践中逐步推进的。1953年,随着各项社会改革完成和国民经济迅速恢复,我国进入大规模经济建设时期。当年9月,党中央提出过渡时期总路线,指出"要在一个相当长的时期内,逐步实现国家的社会主义工业化。"②1954年6月,毛泽东在《关于中华人民共和国宪法草案》的讲话中提出,用"三个五年计划,即十五年左右"的时间,为社会主义工业化打下一个基础。③9月,周恩来在第一届全国人民代表大会第一次会议上所作的《政府工作报告》中提出,建设"强大的现代化的工业、现代化的农业、现代化的交通运输业和现代化的国防"④。这是我们首次提出"四个现代化"的战略目标。

1956年,在党的八大召开前,毛泽东提出中国社会主义现代化建设分两步走的构想:第一步,用三个五年计划的时间

---

① 毛泽东:《在中国共产党第七届中央委员会第二次全体会议上的报告》,人民出版社2004年版,第10页。
② 《建国以来重要文献选编》第4册,中央文献出版社2011年版,第427页。
③ 《毛泽东文集》第6卷,人民出版社1999年版,第329页。
④ 《周恩来选集》(下),人民出版社1984年版,第132页。

实现初步工业化。第二步，再用几十年的时间接近或赶上世界最发达的资本主义国家。八大期间，他把第二步的时间明确为五十年到一百年。①八大把"四个现代化"目标写进《中国共产党章程》，提出"使中国具有强大的现代化的工业、现代化的农业、现代化的交通运输业和现代化的国防"。

自20世纪50年代末开始，我们在指导思想上逐渐陷入"左"的泥潭，在经济建设上不切实际地提出"超英赶美"的口号，"大跃进"和人民公社化运动使国民经济遭受严重损失。经过纠"左"和调整，到1963年，党对社会主义现代化建设目标和发展步骤的判断回归八大的正确认识。这年9月，中央工作会议明确提出分"两步走"，实现四个现代化的发展战略：第一步，用15年时间，建立一个独立的、比较完整的工业体系和国民经济体系，使我国工业体系大体接近世界先进水平；第二步，用50年到100年时间，使我国工业走在世界前列，全面实现农业、工业、国防和科学技术的现代化，使我国经济走在世界前列。从而形成了关于"四个现代化"的完整表述。

把科学技术现代化作为四个现代化之一，反映了毛泽东和党中央对当时世界生产力发展大势的正确判断。

20世纪50年代以后，新科技革命逐渐成为解放和推动生产力发展的主动力。美国、联邦德国、日本等在新科技革命的推动下，经济步入高速发展期。美国从1961年1月到1969年10月，经济连续增长106个月，被称为"繁荣的十年"。日本从1955

---

① 参见李忠杰：《领航——从一大到十九大》，人民出版社2017年版，第193页。

年至1960年,经济年均增长8.5%,1960年至1965年为9.8%。联邦德国从1951年到1971年的20年间,国内生产总值增加了5倍多,是除日本之外发展最快的西方国家。毛泽东和党的其他领导人看到了中国在经济和科学技术上同西方发达资本主义国家之间的巨大差距,对现代化的发展目标和战略的考虑更加务实和全面。1964年12月13日,毛泽东强调:"我们不能走世界各国技术发展的老路,跟在别人后面一步一步地爬行。我们必须打破常规,尽量采用先进技术,在一个不太长的历史时期内,把我国建设成为一个社会主义的现代化的强国。"① 12月21日,周恩来在三届全国人大一次会议上,正式向全党和全国人民宣布了"四个现代化"目标和分"两步走"的发展战略:"今后发展国民经济的主要任务,总的说来,就是要在不太长的历史时期内,把我国建设成为一个具有现代农业、现代工业、现代国防和现代科学技术的社会主义强国,赶上和超过世界先进水平。""我国的国民经济发展,可以按两步来考虑:第一步,建立一个独立的比较完整的工业体系和国民经济体系;第二步,全面实现农业、工业、国防和科学技术的现代化,使我国经济走在世界的前列。"②

"文化大革命"的爆发使党的工作重心转向"以阶级斗争为纲","四个现代化"和"两步走"的发展战略刚开始实施就被迫中断,我国社会主义现代化建设遭受十分严重的破坏和损失。

---

① 《毛泽东文集》第8卷,人民出版社1999年版,第341页。
② 《周恩来选集》(下),人民出版社1984年版,第439页。

据统计，1967年到1969年动乱最严重的三年中，我国经济建设已经陷于停顿和倒退。①而同时期，在新科技革命的推动下，日本、美国和欧洲发达国家的经济持续高速发展；中国大陆周边原来一些比较落后的国家和地区，如韩国、新加坡等国家，以及香港、台湾等地区，也抓住机遇实现了经济腾飞。

"文化大革命"后期，面对国民经济衰退的严重局面，毛泽东和党的其他一些领导人把注意力转移到经济建设上。1974年11月，毛泽东作出"把国民经济搞上去"的指示。②1975年1月，周恩来在四届全国人大一次会议上重申"四个现代化"目标和"两步走"发展战略："第一步，用十五年时间，即在一九八〇年以前，建成一个独立的比较完整的工业体系和国民经济体系；第二步，在本世纪内，全面实现农业、工业、国防和科学技术的现代化，使我国国民经济走在世界的前列。"③这给正在经受动乱之苦的全国人民以极大的振奋，使人们看到了国家由乱到治的希望。

不久，经毛泽东批准，复出的邓小平代替重病的周恩来主持国务院工作。他全力领导了以经济领域为主的全面整顿，同时也对20世纪内实现"四个现代化"的目标作了务实的思考。1975年4月，邓小平对美国众议院议长卡尔·艾伯特、众议院共和党领袖约翰·罗兹等人说："我们这个国家还很落后。我们

---

① 《中国十个五年计划研究报告》，人民出版社2006年版，第286页。
② 《毛泽东思想年编（1921—1975）》，中央文献出版社2011年版，第951页。
③ 《周恩来选集》（下），人民出版社1984年版，第479页。

也有一些雄心壮志，看能不能在二十世纪末达到比较发展的水平。所谓比较发展的水平，比你们、比欧洲的许多国家来说，还是落后的。我国人口多，有八亿人，人均国民收入还是很低的。"①6月，他在会见尤金·帕特森为团长的美国报纸主编协会代表团和美联社董事长保尔·米勒时也谈道："所谓现代化水平，就是接近或比较接近现在发达国家的水平。当然不是达到同等的水平。在这个时期内还办不到，因为中国有自己的情况，首先是人口比较多。但还有二十五年的时间，我们有信心达到比较接近通常说的西方的水平。"②

邓小平在与"发达国家的水平"的动态比较分析中揭示了实现"四个现代化"目标的艰巨性。

1975年9月15日，邓小平在一次会议上讲话提出："二十五年来，在农业方面，我们由过去旧中国的半饥饿状态做到了粮食刚够吃，这件事情不可小视，这是一个伟大的成绩。在工业方面，我们也打下了一个初步的基础。但是，我们应该有清醒的头脑，尽管有了这个基础，但我们还很穷、很落后，不管是工业、农业，要赶上世界先进水平还要几十年的时间。所以，我们说形势好，有希望，大有希望，但是，头脑要清醒，要鼓干劲，不仅路线要正确，而且要政策正确，方法正确。"③他既看到了"四

---

① 《邓小平年谱（1975—1997）》（上），中央文献出版社2004年版，第30页。

② 《邓小平年谱（1975—1997）》（上），中央文献出版社2004年版，第53页。

③ 《邓小平年谱（1975—1997）》（上），中央文献出版社2004年版，第97—98页。

个现代化"建设的艰巨性，又具有实现这一雄心壮志的坚定信心。但在系统纠正指导思想上的"左"倾错误之前，我们不可能集中精力进行现代化建设。不久，邓小平又一次被打倒，整顿被迫中断，中国现代化进程再次遭受严重挫折。

对社会主义现代化建设道路的探索，既有成功的经验，也有惨痛的教训，无论哪一种都是我们的宝贵思想财富。

如今的小康中国之路，作为中国特色社会主义的重要组成部分，如习近平总书记指出的，以毛泽东同志为主要代表的中国共产党人，为其"提供了宝贵经验、理论准备、物质基础"[1]。中国共产党和中国人民以英勇顽强的奋斗向世界庄严宣告，中国人民不但善于破坏一个旧世界、也善于建设一个新世界，只有社会主义才能救中国，只有社会主义才能发展中国。[2]

---

[1] 习近平：《紧紧围绕坚持和发展中国特色社会主义 学习宣传贯彻党的十八大精神——在十八届中共中央政治局第一次集体学习时的讲话》，人民出版社2012年版，第3页。

[2] 《中共中央关于党的百年奋斗重大成就和历史经验的决议》，人民出版社2021年版，第14页。

2. 向内看，向外看

1976年10月，党中央采取果断措施粉碎了"四人帮"，宣告"文化大革命"结束。浩劫之后，百废待兴，人民群众强烈盼望迅速恢复发展经济，摆脱贫困；党的领导人也急切希望把国民经济在短期内搞上去，改变各方面工作的被动局面。重提"四个现代化"，国民经济得到较快恢复，一些方面还有所发展。但是，我们接着又犯了急于求成、片面追求高速度的错误。

1977年5月1日，《人民日报》的文章将20世纪末实现"四个现代化"目标解释为赶超世界强国。8月，十一大把实现"四个现代化"作为党在20世纪的奋斗目标写进了党章。年底召开的制定国民经济长期规划的会议，则提出了具体方案：到2000年分三个阶段，即3年、8年和23年，打几个大战役，建设120个大项目，20世纪末使中国的主要工业产品产量分别接近、赶上和超过最发达的资本主义国家，各项经济技术指标分别接近、赶上和超过世界先进水平。1978年2月5日，中央下发的国家计委《关于经济计划的汇报要点》和《1978年国民经济计划主要指标》提出：到20世纪末，钢产量达到1.3亿到1.5亿吨，粮食产量达到1.3万亿到1.5万亿斤。2月26日至3月5日召开的五届全国人大一次会议上通过的《政府工作报告》和《一九七六至一九八五年发展国民经济十年规划纲要（草案）》，提出了更具体的指标要求：到1985年，粮食产量达到8000亿斤，钢产量达到6000万吨；在1978年到1985年这8年内，建设12个大面积商品粮基地，新建和续建120个大型项目，其中有10个大钢铁基地、9个大有色金属基地、8个大煤矿基地、10个大油气田、30个大电站，等等。如按照这个要求，8年间我国主要工业产品新增加的产量都将大大超过过去28年增加的产量；国家财政收入和基本建设投资，都相当于过去28年的总和。

在这些高经济指标的驱动下，全国上下"大干快上"，大上项目，加速引进，出现"全面跃进的新局面"，结果造成国家财政困难和国民经济比例更加失调的严重情况。后来，人们把当时的状况称为"洋跃进"。如邓小平后来所总结的，那段时期我们"脑子有点热，对自己的估计不很切合实际，大的项目搞得太多，基本建设战线太长，结果就出现问题了"①。

这些矛盾表明，以短时间赶超世界先进水平为目标的"四个现代化"，确实难以实现。实事求是地重新思考中国现代化建设发展目标，这个问题被严峻的现实提到了眼前。

在中国这样一个贫穷落后、人口众多的东方大国搞现代化建设，必须弄清与世界现代化进程的差距。重新走上党和国家

---

① 《邓小平年谱（1975—1997）》（下），中央文献出版社2004年版，第732页。

领导岗位的邓小平郑重提出,要"知道世界是什么面貌"[①]。于是,我们开启了再一次"开眼看世界"的历程。

1978年一年当中,中国共产党和中国政府就派出各种代表团529个,人数达3200多人,其中包括12位副总理、副委员长以上的领导人,先后20次访问了51个国家。国门外的变化让我们大吃一惊。赴欧洲五国考察团成员、时任水利电力部部长的钱正英回忆:"记得到西德的当天晚上,我国驻西德大使张彤就在使馆给我们放了一个西德的纪录片,描写德国战败后经济从破败到复苏的过程。当时柏林城乡都是一片废墟,人民无以为生。到战后七十年代的时候,已经完全恢复发展了。这个纪录片我一直到现在都印象很深。我感觉这几十年,欧洲国家发展很快,对我们非常震动。那个时候感觉我们同西方国家的差距在20年以上。"[②]这一年,带着对中国应该怎样发展、怎样赶上世界潮流的战略思考,邓小平也频繁出国考察,上半年访问了缅甸、尼泊尔,下半年访问了朝鲜、日本、泰国、马来西亚、新加坡。这是他一生中出国次数最多的年份。

这一年的10月19日,邓小平前往日本进行了为期10天的访问。26日,他乘新干线"光—81号"超特快列车前往文化古城京都进行访问。在火车上,应日本记者之请谈对新干线的观感时,邓小平说:"就感觉到快,有催人跑的意思,我们现在正合适坐

[①] 《邓小平年谱(1975—1997)》(上),中央文献出版社2004年版,第398页。

[②] 钱正英采访记录,2008年。本书除特别说明外,所采用的采访记录均为作者掌握的一手材料。

这样的车。"①

时任外交部亚洲司日本处副处长的王效贤是邓小平访日的随行人员,她回忆道:"他(邓小平)说你看,人家安排日程,都是几分几秒,到几分几秒干什么。我们安排日程,上午一个,下午一个,说像我们(这么)慢吞吞的,我们搞不了建设。"②

访日期间,邓小平每天的行程排得很满,开记者会,参观企业,会见日本客人,他要求随行人员要学习日方的时间观念,随行人员一时不适应,还闹出了一个小插曲。王效贤回忆:"每天他(邓小平)出发都是非常准时的,他是分秒不差的。有一天,我们的一位局长来晚了,也就来晚了几秒钟。他一到马上就得开车,他一到,车就开了,差了一步没赶上。所以就挨批了,不能这样慢吞吞,我们一定要学人家。"③

把百废待兴的中国尽快地提升到世界领先水平,邓小平的心情比任何时候都要急切。他在日本发表演讲时说:"中国人民决心在本世纪内把中国建设成为社会主义的现代化强国。我们的任务是艰巨的。我们首先要靠自己的努力,同时我们也要学习外国的一切先进经验和先进技术。"④在参观日产汽车公司座间工厂时,邓小平了解到日产汽车公司每个工人每年能生产

---

① 《邓小平年谱(1975—1997)》(上),中央文献出版社2004年版,第413页。
② 王效贤采访记录,2013年。
③ 王效贤采访记录,2013年。
④ 《邓小平年谱(1975—1997)》(上),中央文献出版社2004年版,第410页。

汽车94辆，而我国最先进的长春第一汽车制造厂每个职工只能年产1辆汽车，他坦诚地说："我懂得什么是现代化了。"①而回答日本记者有关中国现代化的问题时，邓小平充分体现了他的坦率、务实和开放，他说："这次到日本来，就是要向日本请教。我们要向一切发达国家请教，向第三世界穷朋友中的好经验请教。世界在突飞猛进地发展，要达到日本、欧美现在的水平就很不容易，达到22年后本世纪末的水平就更难。我们清醒地估计了困难，但是树立了雄心壮志，一定要实现现代化。这就要有正确的政策，就是要善于学习，要以现在国际先进的技术、先进的管理方法作为我们发展的起点。首先承认我们的落后，老老实实承认落后就有希望，再就是善于学习。本着这样的态度、政策、方针，我们是大有希望的。"②时任大平正芳秘书的森田一评价："邓小平先生肩负全中国的责任，经营管理中国，他是以这样一种气魄来与我们谈话的，他从整个国家的角度来进行谈话。"③

1978年11月12日，邓小平在结束对马来西亚的访问后，抵达新加坡，进行为期两天的正式访问。新加坡前总理李光耀曾回忆："当他（邓小平）来到新加坡，他很吃惊，我们有西方资本的公司，美国的、日本的、欧洲的，在这里做生意，用我们的

---

① 李岚清：《突围——国门初开的岁月》，中央文献出版社2008年版，第58页。
② 李岚清：《突围——国门初开的岁月》，中央文献出版社2008年版，第58—59页。
③ 森田一采访记录，2013年。

人、我们的毕业生、我们的技术人员,制造出口产品。但是,我们从中得到税收,通过他们的工作,我们能够建设邓小平所说的,美丽的花园城市国家,人人都开始有自己的家。"邓小平则对中国驻新加坡机构的负责人说:"我们穷,为什么要讲排场呢?本来穷,就别摆富样子,好起来再说。""我在日本说,本来长得很丑,为什么要装美人呢?苏联就吃这样的亏,自以为什么都是自己的好,其实农业、技术都很落后,结果是自己骗自己。我们的框框太多了,一下子要改过来不容易。""可派人出来看看,学人家是怎么搞的。大家要开动脑筋,有的人总认为自己好。要比就要跟国际上比,不要与国内的比。"①

1979年1月1日,中华人民共和国和美利坚合众国在互相隔绝30年之后建立了两国政府间完全的外交关系。邓小平接受美国总统卡特的邀请,于1月28日到2月5日访问美国,在全世界掀起了"邓小平旋风"。邓小平访美之行,大致可以分为两个阶段:自1月28日抵达,在华盛顿的4天时间,是前半程,以政治磋商为主,邓小平与美方进行了一系列重要会谈,出席了一系列重大活动,取得了一系列重要成果,极大地推动了中美关系向前迈进,从而也改变了世界格局;2月1日到5日,是后半程,以科技经济考察为主。他连续造访佐治亚州、得克萨斯州和华盛顿州,为中国的巨变埋下了深刻伏笔。

2月2日,邓小平抵达休斯敦。欢迎仪式结束后他就马不停蹄地赶往此行最重要的高科技考察项目——美国国家航空和航天

---

① 《邓小平年谱(1975—1997)》(上),中央文献出版社2004年版,第429页。

局。其全名为"林登·贝恩斯·约翰逊太空中心",设立在休斯敦市南面的一个湖畔,美国第一艘宇宙飞船就从这里升空。在"太空中心",邓小平对宇航馆内的各种设施都表现出很大的兴趣。中心主任克里斯托弗·克拉夫特博士负责引导,边走边向邓小平介绍美国宇航历史。邓小平参观了宇航船阿波罗十七号的指令舱、月球车、登月机器等复制模型,会见了美国首批宇航员之一的约翰·格伦,并且登上航天飞机模型座舱进行模拟飞行,迟迟不愿意下来。他在这里度过了3个小时,不厌其烦地询问了大量的问题,并且与宇航局的工作人员共进午餐。在场的人都能感受到邓小平对航天事业的重视。

2月3日上午,是邓小平在休斯敦的最后一段行程,10点钟,他前往休斯工具公司参观。邓小平戴上专业的护目镜,参观了实验和生产钻头等器材的车间。他细听每一件器材的性能描述和有关数字,尤其详细地询问了价钱。邓小平还亲自视察了即将运往中国的25套采油器材,并仔细观看其中一枚送给他的钻油井用钻头,这是他访美期间收到的技术含量最高的一件礼品。回国后,他将这枚钻头交给国务院副总理兼国家经委主任康世恩。

2月4日下午3点半,邓小平来到西雅图以北的埃弗里特波音747飞机装配厂。波音公司的飞机盘旋于西雅图的低空,拖着一条大长幅:"热烈欢迎邓小平!"邓小平参观了11个工作流程车间中的6个。在巨大的飞机装配车间里,邓小平观看一架接近完工的巨型喷气式客机着陆排挡的操作测试。在厂房外面,他还登上一架已出售准备起飞的巨型喷气式客机参观。波音公司是世界上规模最大的飞机制造公司，它从世界各地的2200多家供应商进口飞机零件，生产过程的绝大部分受计算机控制。邓小平参观的工厂占地就达2亿平方英尺（约合1858万平方米），其制造技术领先于世界水平。结束时，邓小平表示："看到了一些很新颖的东西。"①

访美9天，邓小平出席了近80场会谈、会见等活动，参加了约20场宴请或招待会，发表了22次正式讲话，并8次会见记者或出席记者招待会，美国人第一次近距离领略了新中国领导人的风采。通过访美之行，邓小平为中国打开了全新的外交局面，为保障国家安全、争取和平的外部环境创造了良好条件，有利于国内建设的顺利开展。更为重要的是，邓小平进一步了解了世界现代化建设的实际情况，大大丰富了其改革开放的设计蓝图。

在美国和日本等当时已高度现代化发达国家的所见所闻，深深触动了邓小平。邓小平痛切地感受到了中国与世界的巨大差距，更清楚地看到了在中国实现现代化的艰难。一贯讲究实事求是的邓小平，又在深入思考中国式现代化的道路。他在反复地思考，反复地比较，反复地计算，看到我们跟日本、美国、欧洲这些发达国家的差距。在这个基础上，他对中国的"四个现代化"目标作了一个重大的调整。

---

① 《邓小平年谱（1975—1997）》（上），中央文献出版社2004年版，第485页。

3. 重大调整——"中国式的现代化"

中国与世界现代化先进水平之间的巨大差距，促使邓小平思考既定的"在20世纪末实现四个现代化"目标的可行性。

1978年9月12日，在朝鲜访问的邓小平感慨地对金日成说："最近我们的同志出去看了一下，越看越感到我们落后。什么叫现代化？五十年代一个样，六十年代不一样了，七十年代就更不一样了。"[①]他感到"我们头脑里开始想的同我们在摸索中遇到的实际情况有差距"[②]"在本世纪末我们肯定不能达到日本、欧洲、美国和第三世界中有些发达国家的水平"[③]。他在1978年9月6日会见来访的日本新闻界人士时，对到20世纪末中国要实现的"四个现代化"目标作出了比较"保守"的解释：就是到20世纪末，我们实现了四个现代化，我们也还是不富，

---

① 《邓小平年谱（1975—1997）》（上），中央文献出版社2004年版，第373页。

② 《邓小平年谱（1975—1997）》（上），中央文献出版社2004年版，第631页。

③ 《邓小平年谱（1975—1997）》（下），中央文献出版社2004年版，第732页。

我们的水平比你们差得远①。

1978年12月，党的十一届三中全会召开，决定停止使用"以阶级斗争为纲"，把党和国家的工作重点转移到经济建设上来，做出了改革开放的重大决策。由此开始了以改革开放为鲜明特征的新时期。

与此同时，因高指标造成的国民经济比例关系严重失调的矛盾日益显现，对经济进行大规模调整，已经迫在眉睫。

1979年3月21日至23日，中央政治局召开会议，讨论1979年国民经济计划和国民经济调整问题。会上，国家计委提交了修改1979年计划的建议，认为：1978年建设规模搞大了，引进搞急了，钢搞多了，加剧了国民经济比例的失调，要下决心进行调整，加强农业和轻工业，缩短基本建设战线，工业速度由12%降为8%。中央政治局同意国家计委的建议。21日，陈云在会上特别指出："我们搞四个现代化，建设社会主义强国，是在什么情况下进行的。讲实事求是，先要把'实事'搞清楚。这个问题不搞清楚，什么事情也搞不好。""我们国家是一个九亿多人口的大国，百分之八十的人口是农民。革命胜利三十年了，人民要求改善生活。有没有改善？有。但不少地方还有要饭的，这是一个大问题。""一方面我们还很穷，另一方面要经过二十年，即在本世纪末实现四个现代化。这是一个矛盾。人口多，要提高生活水平不容易；搞现代化用人少，就业难。我们只能在这种矛盾中搞四化。这个现实的情况，是制定

---

① 邓小平会见日本政治评论家内田健三为团长的日本新闻界各社评论负责人访华团时的谈话记录，1978年9月6日。

建设蓝图的出发点。"①23日,邓小平在会上指出:"中心任务是三年调整,这是个大方针、大政策。经过调整,会更快地形成新的生产能力。这次调整,首先要有决心,东照顾西照顾不行,决心很大才干得成。要看到困难,把道理讲清楚,把工作做充分。""过去提以粮为纲、以钢为纲,现在到该总结的时候了。"②4月5日至28日,中央工作会议确定用3年时间对国民经济实行以调整为中心的"调整、改革、整顿、提高"方针。

在领导经济调整的过程中,邓小平、陈云等人根据中国的国情并参照世界各国现代化的进程,重新思考在国家基础薄弱、财力严重不足的情况下,实现现代化需要多快的速度,中国的"四个现代化"到20世纪末究竟要达到一个什么水平的问题。

1979年3月21日,邓小平在会见马尔科姆·麦克唐纳为团长的英中文化协会执行委员会代表团时,第一次提出了"中国式的四个现代化"的概念:"我们定的目标是在本世纪末实现四个现代化。我们的概念与西方不同,我姑且用个新说法,叫做中国式的四个现代化。现在我们的技术水平还是你们五十年代的水平。如果本世纪末能达到你们七十年代的水平,那就很了不起。就是达到这个水平,也还要做许多努力。由于缺乏经验,实现四个现代化可能比想像的还要困难些。"③

---

① 《陈云文选》第3卷,人民出版社1995年版,第250页。

② 《邓小平年谱(1975—1997)》(上),中央文献出版社2004年版,第497页。

③ 《邓小平年谱(1975—1997)》(上),中央文献出版社2004年版,第496页。

两天后,他在中央政治局会议上把"中国式的四个现代化"表述为"中国式的现代化":"我同外国人谈话,用了一个新名词:中国式的现代化。到本世纪末,我们大概只能达到发达国家七十年代的水平,人均收入不可能很高。"①

3月30日,邓小平在理论工作务虚会上对"中国式的现代化"作了全面深入的阐发,尤其是结合了我国的国情:"底子薄"和"人口多,耕地少"是中国现代化建设"必须看到"和"必须考虑"的"两个重要特点"。"由于底子太薄,现在中国仍然是世界上很贫穷的国家之一。中国的科学技术力量很不足,科学技术水平从总体上看要比世界先进国家落后二三十年。""耕地少,人口多特别是农民多,这种情况不是很容易改变的"。因此,"中国式的现代化,必须从中国的特点出发"②。

"中国式的现代化"是中国现代化道路探索中产生的一个重要的新概念。

1979年7月28日,邓小平在青岛第一次为"中国式的现代化"定出标准:"搞现代化就是要加快步伐,搞富的社会主义,不是搞穷的社会主义","如果我们人均收入达到一千美元,就很不错,可以吃得好,穿得好,用得好"③。

"人均收入达到一千美元","吃得好,穿得好,用得

---

① 《邓小平年谱(1975—1997)》(上),中央文献出版社2004年版,第497页。

② 《邓小平文选》第2卷,人民出版社1994年版,第163—164页。

③ 《邓小平年谱(1975—1997)》(上),中央文献出版社2004年版,第540页。

好"，这就是到20世纪末要实现的"中国式的现代化"。人均1000美元，这是参照西方发达国家人均收入得出的标准。用"吃得好，穿得好，用得好"这样老百姓的家常话来描述现代化发展目标，使"现代化"这样一个抽象的概念，变得让普通人民群众都很容易理解和掌握。

有一个标准了，但人均收入达到1000美元，究竟是什么样？能不能达到？邓小平还在进一步思考。

又过了两个多月，10月4日，在省、市、自治区党委第一书记座谈会上，邓小平参照国际上通用的人均国民生产总值的衡量标准，对"中国式的现代化"目标作进一步的解释和说明："所谓政治，就是四个现代化。我们开了大口，本世纪末实现四个现代化。后来改了个口，叫中国式的现代化，就是把标准放低一点。特别是国民生产总值，按人口平均来说不会很高。据澳大利亚的一个统计材料说，一九七七年，美国的国民生产总值按人口平均为八千七百多美元，占世界第五位。第一位是科威特，一万一千多美元。第二位是瑞士，一万美元。第三位是瑞典，九千四百多美元。第四位是挪威，八千八百多美元。我们到本世纪末国民生产总值能不能达到人均上千美元？前一时期我讲了一个意见，等到人均达到一千美元的时候，我们的日子可能就比较好过了"①，"现在我们的国民生产总值人均大概不到三百美元，要提高两三倍不容易。我们还是要艰苦奋斗。就是降低原来的设想，完成低的目标，也得很好地抓紧工

---

① 《邓小平文选》第2卷，人民出版社1994年版，第194页。

作,要全力以赴,抓得很细,很具体,很有效"①。

发展目标是一个国家发展战略的核心,关系着社会生活的方方面面,直接影响着发展战略的成败。

一个发展目标的提出,往往是经过深思熟虑,再慎重提出的。通常,一个成熟的发展目标包括三个要素:对此前目标的继承、发展和修订,对现实情况的针对性,对战略蓝图的总结。换句话说,要综合关照过去、现在和未来。纵观全局,中国实现社会主义现代化的伟大征程,如同一场漫长艰苦、环境复杂、竞争激烈的马拉松比赛,为了民族和文明的存续与繁荣,我们不仅要跑到终点,更要以最好的成绩完成历史使命。在现实中,世界顶级的马拉松选手都会针对比赛中的不同阶段制定不同的运动策略。可想而知,要制定这样的策略必须始终贯彻实事求是的精神、运用科学严谨的方法、采用清晰可靠的表述,并根据环境变化和最新进展不断进行调整矫正。历史上,我们曾经犯过刚离开起跑线就采用百米冲刺的错误。痛定思痛,党中央开始重新思考既符合我国客观实际又能充分调动全国人民的主观能动性、既避免急躁冒进又富有竞争力的发展目标。这成为我们终于寻找到中国实现现代化的正确道路的关键契机。

---

① 《邓小平文选》第2卷,人民出版社1994年版,第195页。

第二章

小康社会理论的形成

指明符合实际的发展道路，究竟包含多么复杂的历程？

指路

1. "小康"目标的诞生

1988年8月26日,邓小平会见日本首相竹下登,在回顾提出小康目标的过程时说:"提到这件事,我怀念大平先生。我们提出在本世纪内翻两番,是在他的启发下确定的。"①

大平正芳,是亲历日本现代化的行家。邓小平还说,他是日本屈指可数的可以信赖的政治家。

第二次世界大战结束以后,日本为侵略战争付出惨重代价,国家被美国占领,城市、工厂被炸成一片废墟,战争债务和赔款让财政捉襟见肘。然而,就是这样一个基础薄弱、资源缺乏的国家,从1955年开始,在"经济现代化"的口号下,实现了长达20年的经济高速增长,1968年成为世界第二经济大国,创造了现代化的奇迹。其中一个关键性的环节,是1960年池田勇人内阁提出了"国民收入倍增计划",用10年内使国民收入增加一倍的目标,吸引人们从政治纷争转入经济建设,极大地促进了现代化进程。大平正芳作为池田勇人内阁的官房长

---

① 《邓小平年谱(1975—1997)》(下),中央文献出版社2004年版,第1243页。

官,是大政方针的实际制订者之一。他负责拟订了以这个计划为基础的池田内阁新政策体系,将池田的设想具体化,在日本现代化中扮演了重要角色。

邓小平于1978年10月访日时,就特意拜会了时任自民党干事长的大平正芳,并对他说:"一九七二年阁下和田中前首相一起访华,实现中日邦交正常化,为发展中日关系开辟了道路。签订了中日和平友好条约,我们要感谢福田首相的决断,同样也要感谢田中前首相和大平前外相。"① 作为日本四国地方香川县西临濑户内海的小城——观音寺市的标志性人物,大平正芳后来担任了日本第68、69任内阁总理大臣,也就是首相。1979年2月,邓小平在访美归途中,又专程到日本会见了已担任日本首相的大平正芳。1979年12月6日,日本首相大平正芳访华,邓小平再次会见了他。这是他们的第三次见面。两位老朋友重逢,非常亲热,紧握的双手迟迟不肯松开。

此时,中国的重新宣示实现四个现代化的雄心,激发了中国百姓心底的希望,也引起了日本朝野的极大关注。中国能用23年实现"四个现代化",达到世界强国的水平?依照中国当时的实际状况,这个目标恐怕有些不切实际。这种心情直接影响着日本对中国投资和开展合作的信心。

因此大平正芳见到邓小平的时候,谈话一开始就向邓小平提出了两个日本国内议论较多的问题:"中国根据自己独自的立场提出了宏伟的现代化规划,要把中国建设成伟大的社会主

---

① 《邓小平年谱(1975—1997)》(上),中央文献出版社2004年版,第408页。

义国家。中国将来会是什么样？整个现代化的蓝图是如何构思的？"大平正芳问这些问题，是有特殊含义的。如果邓小平的回答空而无物，他也要重新评估与中国合作的风险。

而邓小平在略作思考后，回答道："我们要实现的四个现代化，是中国式的四个现代化。我们的四个现代化的概念，不是像你们那样的现代化的概念，而是'小康之家'。到本世纪末，中国的四个现代化即使达到了某种目标，我们的国民生产总值人均水平也还是很低的。要达到第三世界中比较富裕一点的国家的水平，比如国民生产总值人均一千美元，也还得付出很大的努力。就算达到那样的水平，同西方来比，也还是落后的。所以，我只能说，中国到那时也还是一个小康的状态。"①

邓小平的这一重要表述却令当时担任翻译的王效贤非常为难，她说："当时给我愣住了，小康社会我没想过啊，我也没听过这词儿，怎么翻呢？我翻不出来。"②还好作为富有经验的外交翻译官，王效贤的反应很快："日本和中国有个方便的地方，因为小康都是中国字嘛，我用日文一念，念过去了。念过去，我就看着大平他能不能听懂，他会不会，皱眉头听不懂。我一看他笑了，他听懂了。因为，日本也有小康这词。什么叫小康呢？就是人病重康复期间，叫小康状态。"③

邓小平说明了，中国20世纪末的现代化，只是达到不穷不富的生活状态，远达不到强国水平，与日本相比还差得远。另

---

① 《邓小平文选》第2卷，人民出版社1994年版，第237页。
② 王效贤采访记录，2013年。
③ 王效贤采访记录，2013年。

一方面，邓小平开始勾画出中国式现代化的明确目标，那就是人均国民生产总值翻两番，从250美元达到1000美元，人民生活达到小康。

大平正芳听懂了"小康"一词，他对邓小平说，祝您和中国人民早日"小康"。此后中日两国间也展开了大规模的经济合作。就是这个"小康"，成为影响中国和世界今后几十年命运的重要设想。大平首相的启发、世界先进水平的激励是一个方面，但前文已述，邓小平以及整个党中央立足于中国和世界的实际发展情况展开关于中国现代化道路的思考早已开始，并且经历了艰辛的探索过程。大平正芳在这次历史性的访华半年后，于1980年6月12日在东京不幸病逝。邓小平前往日本驻中国使馆吊唁，并在留言簿上题词："大平先生是一个卓越的政治家，他为发展中日两国关系，作出了重要的贡献，我们永远铭记着他。"[①]他还对日本外相伊东正义表示："大平先生的去世，使中国失掉了一位很好的朋友，对我个人来说，也是失掉了一位很好的朋友，感到非常惋惜。尽管他去世了，中国人民还会记住他的名字。"[②]后来，邓小平在会见日本客人时曾多次提到，"小康"是大平正芳首相考我以后，我才想出来的一个词。2018年12月18日，在庆祝改革开放40周年大会上，党中央、国务院向10位国际友人颁授中国改革友谊奖章，其中也包

[①] 《邓小平年谱（1975—1997）》（上），中央文献出版社2004年版，第647页。

[②] 《邓小平年谱（1975—1997）》（上），中央文献出版社2004年版，第670页。

括大平正芳，他被称赞为"推动中日邦交正常化、支持中国改革开放的政治家"。

"小康"目标，首先是一个立足现实的降低了标准的现代化目标。

"小康"要解决的问题，是既要使国家尽快地发展起来，人民生活迅速得以改善，又不能急于求成，脱离人口多、底子薄的国情实际。要实现真正的现代化，我们必须先经过一个摆脱贫穷、落后状态，实现"小康"的阶段。把现代化建设的着重点从生产力赶超转到人民生活的改善，把标准从赶超世界先进水平降到达到"小康"，从而避免脱离实际，出现大的折腾。提出"小康"目标，标志着中国共产党对中国现代化建设的艰巨性、复杂性和长期性有了清醒认识，开始找到一条符合实际的现实可行的实现现代化的发展道路。

"小康"目标，从开始就是一个与先进的发展理念相融合的科学概念。

在"小康"目标诞生的年代，我国常用的指标还是工农业生产总值，而"小康"吸收国际的先进理念，用世界通用的衡量一个国家或地区生产水平和生活水平的人均国民生产总值作为标准，为本来很抽象的社会发展目标概念确定了具体标准。这使"中国式的现代化"目标更容易为广大人民群众所掌握，同时也便于与世界各国作比照，根据各种新情况适时作出适当调整，从而成为动态、开放的发展目标。

"小康"目标，虽然是一个"目标定低"了的"中国式的现代化"目标，但要真正实现还是困难重重。

据20世纪80年代初有关部门的估计，中国要在20世纪末达到人均国民生产总值1000美元，大约每年需要8%至10%的增长率。而当时在制定长期规划时，确定第六个五年计划（1981年到1985年）的年均增长率为4%到5%。人均国民生产总值1000美元的具体标准究竟能不能达到？一向尊重实际的邓小平又作了深入的调查研究。

1980年6、7月间，邓小平先后到陕西、四川、湖北、河南等地考察。7月22日，他在听取河南省委第一书记段君毅、第二书记胡立教的工作汇报后说："对如何实现小康，我作了一些调查，让江苏、广东、山东、湖北、东北三省等省份，一个省一个省算账。我对这件事最感兴趣。八亿人口能够达到小康水平，这就是一件很了不起的事情。""你们河南地处中原"，"河南是中州，是处于中等水平，也是个标准"。"'中原标准'、'中州标准'有一定的代表性"。"河南能上去，其他一些省也应该能上去。"[1]

经过实地调研和研究各种条件，邓小平感到人均1000美元难以达到，因此在1980年10月首次把1000美元调整为800至1000美元。他说："经过这一时期的摸索，看来达到一千美元也不容易，比如说八百、九百，就算八百，也算是一个小康生活了。"[2] 如果"到本世纪末人均国民生产总值达到一千美元"，

---

[1] 《邓小平年谱（1975—1997）》（上），中央文献出版社2004年版，第659页；《回忆邓小平》（上），中央文献出版社1998年版，第143页。

[2] 《邓小平年谱（1975—1997）》（下），中央文献出版社2004年版，第732页。

"国民生产总值就要超过一万二千亿美元,因为到那时我们人口至少有十二亿",我们"争取人均达到一千美元,最低达到八百美元"①。

怎样实现最低800美元这个目标?邓小平作了精心的设计和规划。他提出:"争取二十年翻两番","到本世纪末人均国民生产总值达到八百至一千美元,进入小康社会"②。这个构想在1981年11月被写入五届人大四次会议通过的《政府工作报告》:"力争用二十年的时间使工农业总产值翻两番,使人民的消费达到小康水平。到那时,我们国家的经济就可以从新的起点出发,比较快地达到经济比较发达国家的水平。"

1982年8月,邓小平对美籍华人科学家邓昌黎、陈树柏、牛满江、葛守仁、聂华桐等人进一步解释说:"我们提出二十年改变面貌,不是胡思乱想、海阔天空的变化,只是达到一个小康社会的变化,这是有把握的。小康是指国民生产总值达到一万亿美元,人均八百美元。社会主义制度收入分配是合理的,赤贫的现象可以消灭。到那时,国民收入的百分之一分配到科学教育事业,情况就会大不同于现在。""搞了一二年,看来小康目标能够实现。前十年打基础,后十年跑得快一点。"③

---

① 《邓小平年谱(1975—1997)》(下),中央文献出版社2004年版,第785页。

② 《邓小平年谱(1975—1997)》(上),中央文献出版社2004年版,第681页。

③ 《邓小平年谱(1975—1997)》(下),中央文献出版社2004年版,第837—838页。

1982年9月，党的十二大召开。邓小平在大会开幕词中鲜明地指出："我们的现代化建设，必须从中国的实际出发。无论是革命还是建设，都要注意学习和借鉴外国经验。但是，照抄照搬别国经验、别国模式，从来不能得到成功。这方面我们有过不少教训。把马克思主义的普遍真理同我国的具体实际结合起来，走自己的道路，建设有中国特色的社会主义，这就是我们总结长期历史经验得出的基本结论。"[①]在改革开放新时期走我国实现现代化的新道路，我国的改革开放和现代化建设事业，就是在这个思想指导下取得巨大成功的。

　　马克思主义作为普遍真理是社会主义取得革命和建设胜利的指南，但是马克思主义不是提供现成答案的百科全书，而各国各民族的情况又是千差万别，具有独自的内在的客观规律。唯物辩证法关于矛盾普遍性与特殊性关系的原理说明，事物的共性固然重要，但认识事物的个性、特点更为重要，它是认识事物的基础，也是这一事物区别于其他事物的标志。马克思曾经说过："正确的理论必须结合具体情况并根据现存条件加以阐明和发挥。"[②]无论革命和建设，如果硬套一般原理，生搬别国经验和模式，就是犯了教条主义的错误，就注定要失败；如果脱离马克思主义基本轨道另搞一套，则又犯了经验主义的错误，也会导致失败。只有以马克思主义为理论基础，从实际出发，透彻研究本国本民族情况和特点，深刻了解本国革命和建

---

① 《邓小平文选》第3卷，人民出版社1993年版，第2—3页。
② 《马克思恩格斯全集》第27卷，人民出版社1972年版，第433页。

设的基本规律，实现普遍真理同本国实际的结合，才能探索出正确的道路，从而取得成功。

邓小平提出"将马克思主义的普遍真理同我国具体实际结合起来，走自己的道路，建设有中国特色的社会主义"的新论断，既蕴藏着建设社会主义的成功的共同经验，又包含着我们从自己的国情出发所创造出的独特经验；既体现了马克思主义的基本原理，又符合我国社会主义建设的具体实际和发展的要求。如同民主革命时期党把马克思主义普遍真理同中国实际相结合，找到了中国民主革命的正确道路一样，这一科学论断标志着党经过艰苦探索，正在走出一条适合中国国情的社会主义道路，开始了党的历史上把马克思主义与我国实际相结合的第二次历史性飞跃。

这条新道路上的最新路标，就是党的十二大正式确定的，在20世纪末实现"小康"目标是今后20年中国经济发展的战略目标：从1981年到20世纪末的20年，力争使全国工农业的年总产值翻两番，即由1980年的7100亿元增加到2000年的2.8万亿元左右。十二大报告指出："实现了这个目标，我国国民收入总额和主要工农业产品的产量将居于世界前列，整个国民经济的现代化过程将取得重大进展，城乡人民的收入将成倍增长，人民的物质文化生活可以达到小康水平。"①

十二大确定的到2000年"翻两番"，达到2.8万亿元左右，是指我国当时常用的全国工农业年总产值。把2.8万亿元的全国

---

① 《十二大以来重要文献选编》（上），中央文献出版社2011年版，第12页。

工农业年总产值换算为国际通用的国民生产总值,并按照不变价格和1980年人民币与美元的汇率计算,就是1万亿美元左右。如果按照人口年均增长12.5‰计算,2000年以后我国人口将达到12亿左右,那么人均国民生产总值就是800美元,这也就是邓小平所说的"小康水平"。

"小康"目标的提出,是以邓小平同志为主要代表的中国共产党人,从中国的国情出发,并参考世界发达国家现代化建设的经验,对20世纪50年代以来我们党提出的"在本世纪末全面实现四个现代化"目标的重大战略性调整。这一目标的提出,非常有利于我们科学地制订和完善现代化发展具体战略,进而改造中国和世界的实际。习近平总书记指出:"我们党在不同历史时期,总是根据人民意愿和事业发展需要,提出富有感召力的奋斗目标,团结带领人民为之奋斗"[①],"使用'小康'这个概念来确立中国的发展目标,既符合中国发展实际,也容易得到最广大人民理解和支持"[②]。

[①] 《十八大以来重要文献选编》(上),中央文献出版社2014年版,第77页。

[②] 《习近平关于全面建成小康社会论述摘编》,中央文献出版社2016年版,第5页。

2. 小康社会理论初成

"小康"目标确立了,邓小平仍在思考这个目标究竟能不能按时实现。

党的十二大召开后一个月,邓小平对国家计委负责人宋平说道:"到本世纪末,二十年的奋斗目标定了,工农业总产值翻两番。靠不靠得住?十二大说靠得住。相信是靠得住的。但究竟靠不靠得住,还要看今后的工作。"[①]为了确认这件事,1983年2月,邓小平决定到经济发展较快的江苏、浙江、上海等地考察。苏州就是其中的重要一站。

1983年2月6日,也就是当年的春节前,邓小平来到苏州考察。这是他生平第二次来到这座千年古城,79岁的邓小平心里,怀揣着沉甸甸的思考。

中国有句古话,"上有天堂,下有苏杭"。唐代安史之乱后,中国的经济重心南移,苏州和杭州长期担纲中国经济最发达的地区。邓小平选择到这两个地方去看一看,如果这里都不

---

① 《邓小平年谱(1975—1997)》(下),中央文献出版社2004年版,第859页。

能达到"小康"的话，那么就说明我们的"小康"目标还是不切实际的，就还需要修改。

2月6日下午，邓小平抵达苏州，下榻南园宾馆。第二天，他约见当时江苏省委、苏州地委和苏州市委的负责同志。邓小平心中迫切想知道的答案是：到2000年，江苏能不能实现翻两番？

他了解到：1977年至1982年6年间，江苏全省工农业总产值翻了一番。照这样的速度，不用20年就有把握实现"翻两番"的目标。第十届全国人大常委会副委员长、时任江苏省省长的顾秀莲回顾："当时听完了我们汇报以后，他（邓小平）非常高兴，说你们这个地方怎么发展得这么好呢"，"你们在这个基础上是不是能再翻一番啊？我们说能"[①]。

邓小平听了很高兴，他又问苏州的同志：苏州有没有信心，有没有可能？时任苏州地委书记的戴心思，是一位在1940年就参加革命工作的南下老同志。作为党的十二大代表的他，其实对这个问题的答案早已胸有成竹。他回答道："我从北京回来之后，地委就开始讨论这个问题，全区上下都在讨论翻两番的问题。那个时间翻两番的问题已经是全国上下都在议论的中心，这是一个伟大的设想。"[②]

戴心思扳着手指头报了一组数字：1978年的苏州工农业总产值为65.59亿元，到1982年底，工农业总产值已经增加到

---

① 顾秀莲采访记录，2013年。
② 戴心思采访记录，2013年。

104.88亿元了，按照这个速度，5、6年时间就可以翻一番。恐怕不要到本世纪末，预计可能要提前10年、8年翻两番。

在苏州考察的这几天里，邓小平认真地看了苏州方面准备的16份典型材料，考察中既看了城市面貌，又看了农村现状，发现农村的房子开始盖成两层楼，老百姓显然比原来富裕多了。沉默寡言的他，因为心中问题有了肯定的答案而感到由衷高兴。

虎丘塔，苏州著名的历史景观和文化坐标，比意大利比萨斜塔早建200多年，人称"中国的比萨斜塔"。2月9日上午，来自全国各地的游客在千年虎丘塔下游览，邓小平也在其中一起欣赏美景。不过，他仍没有忘了提问。戴心思回忆："他（邓小平）说我问你啊，你们现在经济发展达到什么样的水平？我说按照美元和人民币的折算大概接近800美元了。他说800美元了，不就是小康吗？我理解他这个小康，就是农村的富裕中农的水平。"①这一年苏州工农业总产值人均1300多元，按当时的汇率已接近人均800美元。

于是，邓小平又开始反复询问：人均800美元，达到这样的水平，社会是什么面貌？回北京后，邓小平揭晓了他得到的答案："现在，苏州市工农业总产值人均接近八百美元。我问江苏的同志，达到这样的水平，社会上是一个什么面貌？发展前景是什么样子？他们说，在这样的水平上，下面这些问题都解决了：

---

① 戴心思采访记录，2013年。

第一，人民的吃穿用问题解决了，基本生活有了保障；

第二，住房问题解决了，人均达到二十平方米，因为土地不足，向空中发展，小城镇和农村盖二三层楼房的已经不少；

第三，就业问题解决了，城镇基本上没有待业劳动者了；

第四，人不再外流了，农村的人总想往大城市跑的情况已经改变；

第五，中小学教育普及了，教育、文化、体育和其他公共福利事业有能力自己安排了；

第六，人们的精神面貌变化了，犯罪行为大大减少。"[1]

他认为："这几条就了不起呀！""真正到了小康的时候，人的精神面貌就不同了。物质是基础，人民的物质生活好起来，文化水平提高了，精神面貌会有大变化。""当然我们总还要做教育工作，人的工作，那是永远不能少的。但经济发展是个基础，在这个基础上工作就好做了。"[2]后来的发展实践为邓小平心中的这本大账做了最好的注解：苏州实现工农业总产值翻两番的目标整整提前了12年。

不仅是苏州，他在杭州也了解到：1980年浙江工农业总产值人均330美元，预计1990年可以达到人均660美元，到2000年达到1300多美元，通过努力，可以翻三番。邓小平特别提出，到2000年，江苏、浙江应该多翻一点，拉一拉青海、甘肃、宁夏这些基础落后的省，以保证达到全国翻两番的目标。

---

[1] 《邓小平文选》第3卷，人民出版社1993年版，第24—25页。

[2] 《邓小平文选》第3卷，人民出版社1993年版，第89页。

江、浙、沪之行使邓小平对实现"翻两番"的"小康"目标充满了信心。他"喜气洋洋"地告诉大家，"占世界人口四分之一的中国在本世纪末摆脱贫困落后的状态，建成一个小康社会"[①]，"这个目标不会落空"[②]，"翻两番肯定能够实现"[③]。他根据最新实践提出"小康社会"的六条新标准，不只是经济方面，而且包括政治、教育、文化和社会、法制等各个方面；不仅描述了经济发展和人民生活的小康水平，还描述了整个社会发展的小康水平，从而设计出一个经济社会协调、全面发展的新的社会发展目标。

小康社会理论，至此初步形成。

1984年10月，邓小平在中央顾问委员会第三次全体会议上阐释道："翻两番的意义很大。这意味着到本世纪末，年国民生产总值达到一万亿美元。从总量说，就居于世界前列了。这一万亿美元，反映到人民生活上，我们就叫小康水平；反映到国力上，就是较强的国家。因为到那时，如果拿国民生产总值的百分之一来搞国防，就是一百亿，要改善一点装备容易得很。""如果用于科学教育，就可以开办好多大学，普及教育也就可以用更多的力量来办了。智力投资应该绝不止百分之一。""那时会是个什么样的政治局面？我看真正的安定团结是肯定的。国家的力量真正是强大起来了，中国在国际上的影

---

① 《邓小平年谱（1975—1997）》（下），中央文献出版社2004年版，第910页。

② 《邓小平文选》第3卷，人民出版社1993年版，第53页。

③ 《邓小平文选》第3卷，人民出版社1993年版，第88页。

响也会大大不同了。"①

"小康社会",使"小康"由单一的经济目标,拓展到政治、教育、文化、社会、法制等各个方面,成为指导社会全面发展的综合目标,并且已经开始取得实效,实现了理论和实践双重意义上的重要完善。

---

① 《邓小平文选》第3卷,人民出版社1993年版,第88、89页。

3. 开放与改革

"改革开放"这个大家耳熟能详的历史性关键词汇是何时产生的？答案可能大大出乎大家的意料。

改革开放作为一个整体，是决定当代中国命运的关键抉择，这一抉择是邓小平在十一届三中全会前后决策的。而改革与开放，从时间上来看实际上开放在前，开放是改革的前导。当然，开放本身也可以视作一种改革，而且在一些语境下还包括"两个开放，一个对外开放，一个对内开放"[①]。邓小平曾阐释："对内开放就是改革"[②]，"一个对外经济开放，一个对内经济搞活"，"改革就是搞活，对内搞活也就是对内开放，实际上都叫开放政策"[③]。

对外开放作为基本国策，在"文化大革命"结束后的拨乱反正时期就已经确定了。如前文所述，从20世纪70年代末开始，我国派出大量人员一批接一批地出国考察学习，成规模地

---

① 《邓小平文选》第3卷，人民出版社1993年版，第117页。
② 《邓小平文选》第3卷，人民出版社1993年版，第117页。
③ 《邓小平文选》第3卷，人民出版社1993年版，第98页。

引进国外资金、技术、设备，随即产生了越来越多的中外合作、合资项目，很快打破了我国长期以来的封闭半封闭状态。

邓小平指出："对外开放具有重要意义，任何一个国家要发展，孤立起来，闭关自守是不可能的，不加强国际交往，不引进发达国家的先进经验、先进科学技术和资金，是不可能的。"[①]回到1979年初邓小平访美期间，他离开华盛顿后开启的科技经济考察之旅的第一站，是福特公司在亚特兰大的汽车装配厂，福特董事长亨利·福特二世专程从底特律总部赶来，全程陪同。在这里，邓小平参观了约一个小时。他乘坐电动汽车，从一个厂房到另一个厂房，听取有关操作介绍，前后逗留四个地方，还与工人进行了交谈。据工人们回忆，邓小平用英文向他们问好，和他们握手，"他的手很软，但很有力"。邓小平问他们，是否喜欢这个工作，工作时间和工资情况。工人后来对媒体说："他真是一位友好的人。我很抱歉，当时竟然忘记对他讲些美好的话。"

当工人们为邓小平的到访兴奋不已时，邓小平的心情却并不轻松。邓小平看到的是福特LTD型汽车装配生产线的作业，全部工程由计算机控制，每小时可生产50辆这种类型的汽车。据统计，当时福特公司一个月的产量相当于中国所有汽车企业一年产量的总和。

实事求是地承认差距，但不可坠青云之志。

参观临近尾声的时候，邓小平当众讲话。他称赞福特汽车

---

① 《邓小平文选》第3卷，人民出版社1993年版，第117页。

公司的先进技术，表示中国将向美国学习。同时他也说道，中国需要发展汽车工业，并且20年后将见到成绩，中国将通过建设四个现代化成为世界工业强国。

这段预见性的讲话，实际就包含着加强对外开放，"以国际上先进的技术作为我们搞现代化的出发点"，"现在就是要好好向世界先进经验学习"[①]的内涵。就像他1978年在东北视察时多次说的："凡是引进的技术设备都应该是现代化的。世界在发展，我们不在技术上前进，不要说超过，赶都赶不上去，那才真正是爬行主义。我们要以世界先进的科学技术成果作为我们发展的起点。我们要有这个雄心壮志。引进先进技术设备后，一定要按照国际先进的管理方法、先进的经营方法、先进的定额来管理，也就是按照经济规律管理经济。一句话，就是要革命，不要改良，不要修修补补。"[②]然而，邓小平的这番话当时在很多美国专家看来不切实际，其中就包括美国著名的未来学专家、《大趋势》一书的作者约翰·奈斯比特。他曾回忆说："他的发言对当场的大多数美国人，包括我来说，都是不可想象的。但是，日后中国的发展证明，邓小平此言绝非虚妄。"2009年，约翰·奈斯比特访问中国时提起1979年的往事，力赞邓小平：他的预言现在已经成真，看来他才是真正伟大的预言家。

中国的对外开放，不仅仅是对西方发达国家的开放。

---

① 《邓小平思想年编（1975—1997）》，中央文献出版社2011年版，第162页。

② 《邓小平思想年编（1975—1997）》，中央文献出版社2011年版，第170—171页。

邓小平曾专门解释:"我们是三个方面的开放。一个是对西方发达国家的开放,我们吸收外资、引进技术等等主要从那里来。一个是对苏联和东欧国家的开放,这也是一个方面。国家关系即使不能够正常化,但是可以交往,如做生意呀,搞技术合作呀,甚至于合资经营呀,技术改造呀,一百五十六个项目的技术改造,他们可以出力嘛。还有一个是对第三世界发展中国家的开放,这些国家都有自己的特点和长处,这里有很多文章可以做。"①到正式确定"小康"目标的党的十二大召开以后,我国形成了"经济特区—沿海开放城市—沿海经济开放区—内地"这样一个多层次、有重点、点面结合的对外开放格局,在沿海形成了包括2个直辖市、25个省辖市、67个县、约1.5亿人口的对外开放前沿地带。而在推进对外开放的过程中,我们通过内外对比发现了现实的巨大差距,在沟通合作中也产生了诸多的矛盾和不适应,这些都促使我们主动采用改革这剂良药,来治愈当时体制中现实存在的一些顽症痼疾。"小康"建设启动之时,国家和人民刚刚从严重的思想禁锢中解脱出来,各种有形无形的束缚不可能在短期内完全消除。就像邓小平所说的:"书上没有的,文件上没有的,领导人没有讲过的,就不敢多说一句话,多做一件事,一切照抄照搬照转。"②所以,邓小平很早就意识到,改革对于小康社会的建设至关重要。他明确地说:"要实现我们的雄心壮志,不改革不行。"

---

① 《邓小平文选》第3卷,人民出版社1993年版,第99页。
② 《邓小平文选》第2卷,人民出版社1994年版,第142页。

1978年10月11日，邓小平代表党中央、国务院在中国工会第九次全国代表大会上致辞，第一次发出了改革的号召。他指出，实现四个现代化，是一场根本改变我国经济和技术落后面貌，进一步巩固无产阶级专政的伟大革命。这场革命既然要大幅度地改变目前落后的生产力，就必然要多方面地改变生产关系，改变上层建筑，改变工农业企业的管理方式和国家对工农业企业的管理方式，使之适应于现代化大经济的需要。为了提高经济发展速度，就必须大大加强企业的专业化，大大提高全体职工的技术水平并且认真实行培训和考核，大大加强企业的经济核算，大大提高劳动生产率和资金利润率。因此，各条经济战线不仅需要进行技术上的重大改革，而且需要进行制度上、组织上的重大改革。

11月17日，邓小平在审定这篇即将公开发表的文稿时又亲笔加上了两段明确提出经济体制改革任务的重要论述："进行这些改革，是全国人民的长远利益所在，否则，我们不能摆脱目前生产技术和生产管理的落后状态。中央相信，为了社会主义的利益，为了四个现代化的利益，全国工人阶级一定会在这些改革中起大公无私的模范先锋作用，各工会组织一定会用深入群众的宣传组织工作积极协助各企业顺利地实现这些改革，为革命和建设的事业作出新的杰出贡献。""我们的企业要实行党委领导下的厂长或经理负责制，要建立强有力的生产指挥系统。工会要教育全体会员积极参加企业的管理。为了实现四个现代化，我们所有的企业必须毫无例外地实行民主管理，使集中领导和民主管理结合起来。"

不久，邓小平在"改革开放的宣言书"——《解放思想，实事求是，团结一致向前看》的报告中，进一步对实行经济体制改革问题进行了论述："过去我们政治、经济生活中存在很多问题，这并不是哪一些同志的责任，责任在于我们过去没有及时提出改革。但是如果现在再不实行改革，我们的现代化事业和社会主义事业就会被葬送。"

此后，关于改革在中国现代化道路上的极端重要性，邓小平的强调逐渐加强。

1984年10月10日，邓小平会见联邦德国总理科尔，在会谈中说："我们把改革当作一种革命。"之后，他将改革提升到了社会主义本质的高度。1985年3月7日，邓小平提出："经济体制，科技体制，这两方面的改革都是为了解放生产力。"8月21日，他说明："改革的性质同过去的革命一样，也是为了扫除发展社会生产力的障碍，使中国摆脱贫穷落后的状态。从这个意义上说，改革也可以叫革命性的变革。我们的经济改革，概括一点说，就是对内搞活，对外开放。对内搞活经济，是活了社会主义，没有伤害社会主义的本质。"8月30日，他再次谈道："过去我们搞土地革命，是解放生产力，现在搞体制改革也是解放生产力，这也是一场革命。"到1992年"南方谈话"时，邓小平集中论述了改革是解放生产力的问题："革命是解放生产力，改革也是解放生产力。推翻帝国主义、封建主义、官僚资本主义的反动统治，使中国人民的生产力获得解放，这是革命，所以革命是解放生产力。社会主义基本制度确立以后，还要从根本上改变束缚生产力发展的经济体制，建立起充满生机和活力的社会主义经济体制，促进生产力的发展，这是改革，所以改革也是解放生产力。过去，只讲在社会主义条件下发展生产力，没有讲还要通过改革解放生产力，不完全。应该把解放生产力和发展生产力两个讲全了。"他将"解放生产力"带入了"社会主义本质论"的理论版图，而且放在"发展生产力"之前，更加突出了改革的重要意义。

不过，正式将"改革"与"开放"并列，从而形成"改革开放"的概念，其实是比较晚的。

在小康社会建设初期，包括整个初步改革的阶段，我们使用的主要是"对外开放和对内搞活"的提法。比如，邓小平在1982年4月10日谈到"四个现代化建设，对外开放和对内搞活经济的政策"①，就是比较早的论述。

1983年6月，六届全国人民代表大会在北京召开，恢复设立国家主席，并进行国家领导人的选举，受到全世界的关注。日本《东京新闻》在报道中指出，中国新的领导体制已"成为适应现代化课题的体制"，它表明"中国现在进行的经济体制改革、开放政策的长期连续性"②。我国的《人民日报》转载了这一评论，成为目前看到的比较早的将"改革"和"开放"并列的概括。

到了我国以农村改革为主体的初步改革顺利完成，开启以城市改革为中心的全面改革的1984年。这年5月的六届人大二次

---

① 《邓小平文选》第2卷，人民出版社1994年版，第404页。
② 《人民日报》1983年6月11日。

会议上，根据邓小平的思路，国务院提出："今后在经济工作中，要着重抓好体制改革和对外开放这两件大事。"①泰国《中华日报》的社论对此评价道："以改革和开放政策继续推进经济建设是绝对正确的。"②6月30日，邓小平在会见第二次中日民间人士会议日方委员会代表团时将中国实行的政策概括为："我们内部要继续改革，对外进一步开放。"③当年9月17日，时任中央书记处书记、国务院副总理的万里在全国经济技术协作和对口支援会议上的讲话提出"贯彻落实中央的改革、开放方针"④。

这是目前掌握的资料显示在中央正式行文中最早将"改革"与"开放"中的"和"字省略，进一步形成整体概念的表述。

到1985年初，虽然国家正式文件的标准提法还是"改革和开放"，但在主流媒体上已经开始出现"改革开放"一词，比如1985年1月3日的《人民日报》在报道正在广州的中共中央政治局委员、全国政协主席邓颖超向广东人民表示新年祝贺时，就在标题上明确写道："邓颖超新年勉励广东人民把改革开放搞得更好"⑤。可以说，"改革开放"这个影响深远的词汇此时

---

① 《十二大以来重要文献选编》（上），中央文献出版社2011年版，第410页。

② 《人民日报》1984年5月19日。

③ 《邓小平文选》第3卷，人民出版社1993年版，第65页。

④ 《新时期民族工作文献选编》，中央文献出版社1990年版，第251页。

⑤ 《人民日报》1985年1月3日。

已经正式进入我们的社会生活。

在中国寻找到"小康社会"发展目标的时候，全党全国也达成共识，这就是改革开放是决定中国命运的一招。

不坚持社会主义，不改革开放，不发展经济，不改善人民生活，就没有今后的持续发展，我国的现代化事业和社会主义事业就会被葬送，只能是死路一条。我们的改革开放不仅影响中国，而且在国际范围内也是一种试验。改革开放是我国社会主义制度的自我完善，在一定的范围内也发生了某种程度的革命性变革。改革开放促进了我国生产力的发展，引起了经济生活、社会生活、工作方式和精神状态的一系列深刻变化。我们实行改革开放，这是怎样搞社会主义的问题。社会主义是一个很好的名词，但是如果搞不好，不能正确理解，不能采取正确的政策，那就体现不出社会主义的本质。要充分研究如何搞社会主义建设的问题。学习资本主义国家的某些好东西，这是社会主义利用这种方法来发展社会生产力。把这当作方法，不会影响整个社会主义，不会重新回到资本主义。只有促进改革开放才能促进发展，才能解决问题。要真正在改革上下功夫。对自己的力量要有足够的估计，弱的、强的都要看到，能做到的事要抓住不放。真正照这样做了，经济可以持续稳定地高速度发展，腐败问题也可以得到部分解决。只有改革开放，才能消除腐败。

在邓小平和党中央不遗余力的倡导下，改革开放成为新的时代强音。

不过，领导这样剧烈的社会变革无疑是一件非常困难的事。在中国漫长的历史中，提倡改革者几乎没有成功的先例。

改革开放是艰苦的、困难的，很多时候要冒风险，要承担责任。领导和推动改革，没有勇气和敢于担当的精神是不可能的。

而说到小康中国的发展历程中义无反顾地把改革开放不断推向前进的最好例证，就是经济特区。中国的经济特区早已成为世界的传奇，是中国特色现代化道路的样板。

深圳，今天是举世闻名的中国第一个经济特区，并跻身一线城市。其境内的深圳宝安国际机场是中国境内第一个实现海、陆、空联运的现代化国际空港。今天很少有人记得，后来的经济特区是从生产农副产品起步的。

1977年，这里还叫宝安县，如何解决逃港问题还是困扰当地的难题。11月，邓小平到广州视察，谈到广东具有得天独厚的条件，一是地接港澳，二是重要的侨乡，有对外经济交往的传统，可以利用这些优势建立出口基地。他说："你们是第一个口岸，然后才是上海、天津等地方。深圳每年光兑换外币就三千多万美元"[1]，"看来最大的问题是政策问题"[2]。他布置："搞几个现代化养猪场、养鸡场，宁肯进口一点粮食养猪养鸡，以进养出，赚回钱来。生产生活搞好了，还可以解决逃港问题。逃港，主要是生活不好，差距太大。"[3] 根据他的意

---

[1] 《邓小平年谱（1975—1997）》（上），中央文献出版社2004年版，第239页。

[2] 《邓小平年谱（1975—1997）》（上），中央文献出版社2004年版，第238页。

[3] 《邓小平年谱（1975—1997）》（上），中央文献出版社2004年版，第238页。

见，中央决定，把宝安、珠海两地建成供应港澳鲜活农副产品的出口生产基地，把卖海沙收入的400万元留给宝安，建起一批养殖场和果园。

1979年4月，中央工作会议期间，广东省委第一书记习仲勋等人向中央汇报了一个设想——广东可以利用靠近港、澳的优势，实行一些较为特殊的优惠政策，在沿海地区设立出口加工基地，以加快经济发展。这一设想得到邓小平的积极支持。4月17日，邓小平在中共中央政治局召集的中央工作会议各组召集人汇报会议上建议中央批准广东的这一要求。他说："广东、福建实行特殊政策，利用华侨资金、技术，包括设厂，这样搞不会变成资本主义。""如果广东、福建两省八千万人先富起来，没有什么坏处。"①会议期间，习仲勋还向邓小平提出希望中央下放若干权力，允许在毗邻港澳的地区划出一块地方，作为华侨和外商的投资场所，单独进行管理。邓小平非常赞同广东的这一设想，并敏锐地意识到这是中国实施开放政策、促进经济发展的一个重要突破口。时任中共广东省委书记（当时设有第一书记）的王全国说："1979年广东提出来要实行特殊政策灵活措施，我们也提出要办特区，那个时候叫加工特区，出口加工特区。这个时候小平同志原话是这样说的：'对！办一个特区。过去陕甘宁边区就是特区嘛！中央没有钱，你们自己去搞，杀出一条血路来。'"②后来，习仲勋回顾了当时的感

---

① 《邓小平年谱（1975—1997）》（上），中央文献出版社2004年版，第506页。
② 王全国采访记录，2009年。

受:"在这次会议上,我知道邓小平同志对搞改革开放的决心很大,说这次'要杀出一条血路来',充分表达了我们党搞中国式的社会主义现代化的坚强决心。""对广东来说,中央这个决策,是关系重大的事,但毕竟又是全新的责任重大的事。我的心情是'一则以喜,一则以惧'。""我们确信'路是人走出来的',只要我们团结战斗,就总会有办法。"①

如果要跳出现有的框架,必然同现行的机制相矛盾,那就需要去闯了。

经济特区的创办虽然已经大刀阔斧地开展起来,但在如何看待特区性质等一些重大问题上,认识却很难迅速统一。最初几年,特区创业步履维艰。原厦门经济特区管理委员会副主任、厦门市原市长邹尔均说:"当时从北京发来一本小册子叫'租界的由来',似乎你引进外资就是变成殖民地,就是卖国主义,这个问题就很严重了。"②时任广东省委书记(当时设有第一书记)的梁灵光也谈道:"以为广东人搞改革开放,就是搞走私啊搞投机倒把。所以很有意思的,我们广东那批人坐火车,火车站的人就有通知,说广东的人站队站在一边等着,看看是不是投机倒把。"③还有原厦门经济特区管理委员会副主任、厦门市原副市长江平也感觉到:"我们一边搞特区建设,一边我们身上压力非常大,资本主义的帽子戴在空中不知道什

---

① 《习仲勋文选》,中央文献出版社1995年版,第482页。
② 邹尔均采访记录,2009年。
③ 梁灵光采访记录,2009年。

么时候会掉下来。"①

对于这些不同看法，中央给予极大的关注和耐心。

1980年10月，任仲夷调赴广东工作。据他回忆，上任前邓小平专门与他谈话，要求"对于搞特区，你们要摸出规律，搞出个样子来"②。针对12月中央工作会议上出现的"特区就是租界"的议论，邓小平坚定地表示："在广东、福建两省设置几个特区的决定，要继续实行下去。但步骤和办法要服从调整，步子可以走慢一点。"③

1984年春，邓小平亲自来到南方，仔细视察了深圳、珠海、厦门经济特区，他说："办经济特区是我倡议的，中央定的，是不是能够成功，我要来看一看。"④

1月24日中午，邓小平乘坐的列车抵达深圳火车站。稍事休息，下午3点半，邓小平等人在迎宾馆二楼会议室听取深圳市委工作汇报。在40分钟的汇报过程中，邓小平没有作表态性的讲话，但他常常微笑点头，并时有插话。当汇报到几年来深圳特区工农业产值、财政收入增长很快，1982年工业产值为三亿六千万元，1983年达到七亿二千万元时，邓小平说："那就是一年翻了一番？"⑤汇报结束后，一行人参观深圳市容。下午4时40分，

---

① 江平采访记录，2009年。
② 卢荻：《伟人的胆识和胸怀：记任仲夷回忆邓小平》，《百年潮》2008年第10期。
③ 《邓小平文选》第2卷，人民出版社1994年版，第363页。
④ 《邓小平年谱（1975—1997）》（下），中央文献出版社2004年版，第955页。
⑤ 《回忆邓小平》（下），中央文献出版社1998年版，第471页。

邓小平登上罗湖商业区开业不久的国际商业大厦，来到22层高的顶楼天台，俯瞰建设中的罗湖新城区。呈现眼前的是正在建设中的60多幢高楼，吊机伸出长长的巨臂，一片繁忙的工地，纵横交错的宽阔马路，车流如梭，远处的深圳河从新城南面蜿蜒流向深圳湾，河那边可以看到香港新界落马洲的村落。这里有闻名全国的"深圳速度"，三天盖一层楼。离开国际商业大厦后，一行人又去了笋岗路、怡景花园住宅区、深圳大学新校址等地。视察途中，邓小平问："深圳特区建设速度这样快，是什么原因呢？"他得到的答案是特区的工程建设主要抓了三个问题：一是设计搞评比，择优录用，保证了设计的质量和出图时间；二是施工采用招标，保证了施工质量、速度和合理的造价；三是工程承包，中标单位的内部对各项工程也实行层层经济承包的办法，按工程工期、质量的要求，完成的奖，完不成的罚。用经济手段管理施工，职责分明，奖罚分明，破了"铁饭碗"，不吃"大锅饭"，所以施工的速度就快。

1月25日上午，邓小平来到中国航空技术进出口公司深圳工贸中心，他参观车间设备，当听说到生产软件比生产硬件赚钱时，邓小平说："软件占百分之八十，硬件占百分之二十，这就要靠脑子。杨振宁说美国都是十六七岁的娃娃搞软件，好多尖端技术都是娃娃搞出来的。连银行发了多少票子，他们都能算出来。搞软件，我们有条件，中国有一大批好的娃娃。现在不少下象棋、围棋的都是娃娃。我们有一大批这样的娃娃。"[1]

---

① 《邓小平年谱（1975—1997）》（下），中央文献出版社2004年版，第955页。

几天后，2月16日，他在上海进一步指出："计算机的普及要从娃娃做起。"①

在深圳的几天里，邓小平都像这样一路走一路看，却始终没有表态。

不过，1月28日这天上午，他登上中山市罗三妹山。下山的时候，工作人员请他走原路，说比较好走。而邓小平却说："我从来不走回头路。"②正是这种"不走回头路"的精神，激励着小康中国的建设事业在风雨历程中不断披荆斩棘，勇往直前。当视察完毕，邓小平已胸有成竹，2月1日，他在广州挥毫题词："深圳的发展和经验证明，我们建立经济特区的政策是正确的。"③并将落款日期专门写为离开深圳的1月26日。邓小平对举办经济特区的充分肯定给"经济特区该不该办"的争议画上了句号。他回到北京后，于2月24日对胡耀邦、赵紫阳、万里、杨尚昆、姚依林、胡启立和宋平等人进一步提出："我们建立经济特区，实行开放政策，有个指导思想要明确，就是不是收，而是放。"④

这趟南方之行后还有一个开创性的结论，这就是："我们还要开发海南岛，如果能把海南岛的经济迅速发展起来，那就

---

① 《邓小平年谱（1975—1997）》（下），中央文献出版社2004年版，第961页。
② 《邓小平年谱（1975—1997）》（下），中央文献出版社2004年版，第956页。
③ 《邓小平年谱（1975—1997）》（下），中央文献出版社2004年版，第957页。
④ 《邓小平文选》第3卷，人民出版社1993年版，第51页。

是很大的胜利。"①党中央决策，1988年4月，七届全国人大一次会议正式批准设立海南省，划定海南岛为经济特区。多年来，深圳、珠海、汕头、厦门、海南5个经济特区不辱使命，谱写了勇立潮头、开拓进取的壮丽篇章，在体制改革中发挥了"试验田"作用，在对外开放中发挥了重要"窗口"作用，更与农业改革一起，象征着勇于创新的改革精神，为全国进行小康社会建设作出了重大贡献。习近平总书记指出："我们解放思想、实事求是，大胆地试、勇敢地改，干出了一片新天地。"②

2018年，在庆祝海南建省办经济特区30周年大会上，习近平总书记郑重宣布，党中央支持海南全岛建设自由贸易试验区，支持海南逐步探索、稳步推进中国特色自由贸易港建设，分步骤、分阶段建立自由贸易港政策和制度体系。海南的改革发展迎来又一个明媚的春天。以海南自由贸易港建设为契机，中国继续扩大开放、加强合作，与世界共享小康中国的发展机遇和改革成果。2019年8月，党中央出台支持深圳建设中国特色社会主义先行示范区的意见。"先行先试变成了示范引领，探索创新成为了创新引领。"③40年来，深圳奋力解放和发展社会生产力，大力推进科技创新，地区生产总值从1980年的2.7亿元

---

① 《邓小平文选》第3卷，人民出版社1993年版，第52页。
② 习近平：《在庆祝改革开放40周年大会上的讲话》（2018年12月18日），新华社2018年12月18日电。
③ 习近平：《二〇二一年新年贺词》（2020年12月31日），《人民日报》2021年1月1日。

增至2019年的2.7万亿元，年均增长20.7%，经济总量位居亚洲城市第五位，财政收入从不足1亿元增加到9424亿元，实现了由一座落后的边陲小镇到具有全球影响力的国际化大都市的历史性跨越。2020年10月，在深圳经济特区建立40周年之际，习近平总书记明确指出："兴办经济特区，是党和国家为推进改革开放和社会主义现代化建设进行的伟大创举。"①深圳"是改革开放后党和人民一手缔造的崭新城市，是中国特色社会主义在一张白纸上的精彩演绎"，"用40年时间走过了国外一些国际化大都市上百年走完的历程"，"是中国人民创造的世界发展史上的一个奇迹"②。在中国特色社会主义新时代，党中央赋予深圳新的历史使命，即创建社会主义现代化强国的城市范例，提高贯彻落实新发展理念能力和水平，形成全面深化改革、全面扩大开放新格局，推进粤港澳大湾区建设，丰富"一国两制"事业发展新实践，率先实现社会主义现代化。

以深圳经济特区为代表，打造新时代全面深化改革开放新标杆，形成更高层次改革开放新格局，是全面建成小康社会的重要组成，从中亦可看出由当年的小康目标引导逐步迈向社会主义现代化的清晰路径。

---

① 习近平：《在深圳经济特区建立40周年庆祝大会上的讲话》（2020年10月14日），新华社2020年10月14日电。
② 习近平：《在深圳经济特区建立40周年庆祝大会上的讲话》（2020年10月14日），新华社2020年10月14日电。

4. 两手抓、两手都要硬

2000年，当"小康"目标已经实现，"全面建设小康社会"新目标即将提出之际，江泽民代表党中央总结道："建设小康社会，包括物质文明和精神文明建设两个方面。要坚持两手抓、两手都要硬，把加强精神文明建设摆到重要位置。"[①]

小康社会建设全面展开以后，尤其是进入城市改革阶段，随着对外开放不断扩大、经济体制双轨并行，出现了以"官倒"为特征的以权谋私、贪污受贿等消极腐败现象，一些领导干部甚至少数高中级干部搞权钱交易，党风和社会风气等方面随之出现了形形色色的问题，造成了很坏的影响，也引起了人民群众的强烈不满。党中央很早就认识到这个问题，我们关于社会思想领域的思考，也由推动党风和社会风气的根本好转到促进法制建设，由反对资产阶级自由化到加强精神文明建设，再到政治体制改革问题，这是一个逐步发展、成熟的过程。有针对性地，邓小平等党和国家领导人提出一系列"两手抓"的

---

① 《十五大以来重要文献选编》（中），中央文献出版社2011年版，第578页。

战略方针：一手抓改革开放，一手抓打击犯罪；一手抓经济建设，一手抓民主法制；一手抓物质文明，一手抓精神文明。随着形势的发展，党中央决定对精神文明建设的战略地位、指导思想和根本任务作出明确的阐述和规定，以此形成物质文明、精神文明整体推进、协调发展的中国特色社会主义大格局。

中国共产党第一次提出"社会主义精神文明"这一概念，是1979年10月叶剑英《在庆祝中华人民共和国成立三十周年大会上的讲话》。

叶剑英提出："我们要在建设高度物质文明的同时，提高全民族的教育科学文化水平和健康水平，树立崇高的革命理想和革命道德风尚，发展高尚的丰富多彩的文化生活，建设高度的社会主义精神文明。""这些都是我们社会主义现代化的重要目标，也是实现四个现代化的必要条件。"①这个重要讲话是在9月25日至28日召开的党的十一届四中全会上讨论通过的，目的是重新阐释四个现代化的目标，表明"我们所说的四个现代化，是实现现代化的四个主要方面，并不是说现代化事业只以这四个方面为限"②。社会主义精神文明的内涵包含了全民族的教育科学文化水平、健康水平、革命理想、道德风尚、文化生活等非常丰富的内容。时至今日，其基本含义仍是如此。它是一个与"社会主义物质文明"相并列的宏伟目标。

一个月后，10月30日邓小平在中国文学艺术工作者第四次

---

① 《叶剑英选集》，人民出版社1996年版，第540页。
② 《叶剑英选集》，人民出版社1996年版，第540页。

代表大会上的祝词中再次提出:"我们要在建设高度物质文明的同时,提高全民族的科学文化水平,发展高尚的丰富多彩的文化生活,建设高度的社会主义精神文明。"①还有"要恢复和发扬我们党和人民的革命传统,培养和树立优良的道德风尚,为建设高度发展的社会主义精神文明做出积极的贡献"②。

党中央提出关于社会主义精神文明,归根到底是源于现实的迫切要求和对社会发展态势的清晰认识。

小康建设进程中,在各领域取得巨大成就的同时,社会思想领域也产生了一些新问题,腐败现象和社会风气败坏的问题,社会错误思潮的干扰问题,这两方面的问题交织在一起,构成了复杂的思想斗争形势,对发展大局构成威胁。对这种威胁,我们必须非常警觉,始终采取鲜明的态度和坚决的措施,对错误倾向给予有力打击,否则就会造成现实的损害。作为全面改革纲领性文件的《关于经济体制改革的决定》提出:"越是搞活经济、搞活企业,就越要注意抵制资本主义思想的侵蚀,越要注意克服那种利用职权谋取私利的腐败现象,克服一切严重损害国家和消费者利益的行为"③。陈云在十二届三中全会的书面发言中提出:"关于改革的决定中说:'竞争中可能出现某些消极现象和违法行为',这句话在文件里提一下很必要。""如果我们不注意这个问题,不进行必要的管理和教育,这些现象就有可能泛滥成灾,败坏我们的党风和社会风

---

① 《邓小平文选》第2卷,人民出版社1994年版,第208页。
② 《邓小平文选》第2卷,人民出版社1994年版,第209页。
③ 《十二大以来重要文献选编》(中),人民出版社2011年版,第585页。

气"①。

　　1985年3月7日，邓小平在中南海怀仁堂出席全国科技工作会议闭幕会时即席讲话："现在我们国内形势很好。有一点要提醒大家，就是我们在建设具有中国特色的社会主义社会时，一定要坚持发展物质文明和精神文明，坚持五讲四美三热爱，教育全国人民做到有理想、有道德、有文化、有纪律。这四条里面，理想和纪律特别重要。"②他对社会上出现的不正之风展开批评，谈道："当前在经济改革中出现了一些歪门邪道。'你有政策，我有对策'。'对策'可多了。"③

　　1985年9月召开的党的全国代表会议，主要议程是讨论并通过关于制定"七五"计划的建议以及增选中央委员会成员等组织事项，但是，邓小平在闭幕讲话中又专门把加强精神文明建设作为一项重要内容提了出来，其篇幅甚至超过了关于"七五"计划的内容。他尖锐地指出了问题："社会主义精神文明建设，很早就提出了。中央、地方和军队都做了不少工作，特别是群众中涌现了一大批先进人物，影响很好。不过就全国来看，至今效果还不够理想。主要是全党没有认真重视。我们为社会主义奋斗，不但是因为社会主义有条件比资本主义更快地发展生产力，而且因为只有社会主义才能消除资本主义和其他剥削制度所必然产生的种种贪婪、腐败和不公正现象。这几年生产是上去了，但是资本主义和封建主义的流毒还没有

---

① 《陈云文选》第3卷，人民出版社1995年版，第338页。
② 《邓小平文选》第3卷，人民出版社1993年版，第110页。
③ 《邓小平文选》第3卷，人民出版社1993年版，第112页。

减少到可能的最低限度,甚至解放后绝迹已久的一些坏事也在复活。我们再不下大的决心迅速改变这种情况,社会主义的优越性怎么能全面地发挥出来?我们又怎么能充分有效地教育我们的人民和后代?不加强精神文明的建设,物质文明的建设也要受破坏,走弯路。光靠物质条件,我们的革命和建设都不可能胜利。过去我们党无论怎样弱小,无论遇到什么困难,一直有强大的战斗力,因为我们有马克思主义和共产主义的信念。有了共同的理想,也就有了铁的纪律。无论过去、现在和将来,这都是我们的真正优势。这个真理,有些同志已经不那么清楚了。这样,也就很难重视精神文明的建设。"①他提出工作的重点是:"当前的精神文明建设,首先要着眼于党风和社会风气的根本好转。"②以及四个方面的具体措施:一是端正党风,是端正社会风气的关键;二是改善社会风气要从教育入手,教育一定要联系实际;三是思想政治工作和思想政治工作队伍都必须大大加强,决不能削弱;四是思想文化教育卫生部门要以社会效益为最高准则。他认为:"做好以上几方面的工作,社会风气的根本好转也就有了保证。"③

邓小平的主张成为中央决策层的广泛共识。关于制定"七五"计划的《建议》指出:"坚持在推进物质文明建设的同时,大力加强社会主义精神文明的建设。""我们采取的所有改革、开放和搞活经济的政策,目的都是为了建设有中国特

---

① 《邓小平文选》第3卷,人民出版社1993年版,第143—144页。
② 《邓小平文选》第3卷,人民出版社1993年版,第144页。
③ 《邓小平文选》第3卷,人民出版社1993年版,第145页。

色的社会主义。必须切实抓好精神文明的建设,继续加强思想政治工作,教育全国人民做到有理想、有道德、有文化、有纪律,以推动物质文明的发展,并保证它的正确方向。"[1]党的全国代表会议突出地提出要加强精神文明建设,受到了广泛的关注。美联社、合众社、法新社、路透社、共同社等许多国家通讯社突出报道了邓小平、陈云和李先念等人讲话中有关加强精神文明建设和政治思想工作的内容,认为这次会议后的中国,一方面将继续奉行改革和开放政策;另一方面又要同出现的种种资本主义腐败的现象作斗争。[2]

为贯彻落实全国代表会议关于加强精神文明建设的精神,中央书记处作了全面的部署,提出端正党风首先从中央党政军机关和北京市抓起。

1986年1月,中央书记处在人民大会堂召开中央机关干部大会,号召中央党政军机关的全体党员、干部要做全国的表率,迅速行动,端正党风,纠正各种不正之风,加强党性教育,严格整顿纪律。大会还提出80年代后五年,必须把经济体制改革和社会主义精神文明建设这两件大事抓好。这得到邓小平的大力支持。他表示:"赞成书记处这么抓。"[3]"抓精神文明建设,抓党风、社会风气好转,必须狠狠地抓,一天不放松地抓,从具体事

---

[1] 《中共中央关于制定国民经济和社会发展第七个五年计划的建议》,1985年9月23日中国共产党全国代表会议通过。
[2] 《人民日报》1985年9月25日。
[3] 《邓小平文选》第3卷,人民出版社1993年版,第154页。

件抓起。"① "越是高级干部子弟,越是高级干部,越是名人,他们的违法事件越要抓紧查处,因为这些人影响大,犯罪危害大。抓住典型,处理了,效果也大,表明我们下决心克服一切阻力抓法制建设和精神文明建设。"②

1986年初,邓小平在中央政治局常委会直言不讳指出了"一手软"的问题:"经济建设这一手我们搞得相当有成绩,形势喜人,这是我们国家的成功。但风气如果坏下去,经济搞成功又有什么意义?会在另一方面变质,反过来影响整个经济变质,发展下去会形成贪污、盗窃、贿赂横行的世界。"他进而强调了"两手抓"的问题:"搞四个现代化一定要有两手,只有一手是不行的。所谓两手,即一手抓建设,一手抓法制。党有党纪,国有国法。"③9月,十二届六中全会阐明了社会主义精神文明建设的战略地位、根本任务和指导方针,通过的《关于社会主义精神文明建设指导方针的决议》成为该领域的纲领性文件。到了1992年"南方谈话"时,这一思想表述为:"要坚持两手抓,一手抓改革开放,一手抓打击各种犯罪活动。这两只手都要硬。打击各种犯罪活动,扫除各种丑恶现象,手软不得。"④

在实践中,社会主义精神文明建设得以贯彻落实,取得积极成效。

---

① 《邓小平文选》第3卷,人民出版社1993年版,第152页。
② 《邓小平文选》第3卷,人民出版社1993年版,第152页。
③ 《邓小平文选》第3卷,人民出版社1993年版,第154页。
④ 《邓小平文选》第3卷,人民出版社1993年版,第378页。

党中央、国务院出台一系列规定，制止借改革之名牟取私利。比如，有些高级干部在待遇上攀比，一些机关开始购买高级进口汽车，还有向下属单位要高级车的情况。1986年1月，陈云在中央纪委的一份文件上批示："我建议，做表率首先从中央政治局、书记处和国务院的各位同志做起。凡是别人（或单位）送的和个人调换的汽车（行政机关配备的不算），不论是谁，一律退回，坐原来配备的车。在这件事上，得罪点人，比不管而让群众在下面骂我们要好。"①很快，中央专门出台文件。从那时起，无论级别多高，领导干部一律都坐国产车。中央和各地还先后查处和公布了一批大案要案，逮捕法办了一批严重犯罪分子，一些犯有严重错误的党员干部受到了党纪、政纪的严肃处理；对存在的不正之风进行了认真的清查和纠正；注意思想教育和制度建设，端正党风和推动社会风气好转取得了一定的成效。

今天，在现实的社会生活中，我们在社会主义精神文明方面仍然存在不少的问题，还时常见到一些丑恶现象，有的甚至非常严重。但不能否认，小康中国之路乃至实现现代化征程的每一次进步，都与精神文明领域所做的大量工作分不开。如果不是我们从未放松在该领域的顽强奋战，为我国社会主义物质文明的建设提供强大支撑，历史与现实的面貌都会发生很大改变，中国的现代化道路不会像现在这样顺畅。

---

① 《陈云文集》第3卷，中央文献出版社2005年版，第543—544页。

5. "三步走"的百年战略

建设小康社会的清晰追求，引领全国各族人民改天换地，将小康的理想变成现实的生活。

通过"奔小康"，我国经济从1984年到1988年经历了一个加速发展的飞跃时期，除1986年增长8.5%以外，其余年份的增长速度都在10%以上。国民生产总值从1984年的7206.7亿元，增长到1988年的14922.3亿元，整整增长了一倍，提前实现了原定到1990年国民生产总值比1980年翻一番的目标。全国绝大多数地区基本解决了温饱问题，部分地区开始向小康水平过渡。贫困地区人民生活也有了不同程度的改善。根据全面改革后的经济发展形势，到1985年10月，邓小平预见：20世纪末人均国民生产总值800美元小康水平的"目标肯定能实现，还会超过一点"[1]。"人民生活，到本世纪末达到小康水平，比现在要好得多。"[2]

---

[1] 《邓小平年谱（1975—1997）》（下），中央文献出版社2004年版，第1093页。

[2] 《邓小平文选》第3卷，人民出版社1993年版，第88—89页。

在"小康社会"的目标第一步接近实现的时候,邓小平已经在思考中国下一个世纪的发展目标。

早在1980年12月,邓小平就在中央召开的经济调整会议上提出,在20世纪末中国的现代化建设达到小康水平以后,要继续前进,逐步达到更高程度的现代化。他反复强调:即使实现了小康目标,我国的经济水平与西方发达国家还有很大的差距,小康目标只是中国现代化的最低目标,真正达到基本实现现代化,还需要更长时间的努力和奋斗。

1981年9月,邓小平说:"实现四个现代化是相当大的目标,要相当长的时间。本世纪末也只能搞一个小康社会,要达到西方比较发达国家的水平,至少还要再加上三十年到五十年的时间,恐怕要到二十一世纪末。"① 当年11月,他进一步提出,在实现"小康社会"的基础上,"在下个世纪再花三十年到五十年时间,接近西方的水平"②。80年代中期,小康战略逐步落实,邓小平对21世纪中国的发展目标也逐渐明朗。1984年4月,邓小平指出:"我们的第一个目标就是到本世纪末达到小康水平,第二个目标就是要在三十年至五十年内达到或接近发达国家的水平。"③ 当年5月和10月,他重申:"我们第一步是实现翻两番,需要二十年,还有第二步,需要三十年到五十

---

① 《邓小平年谱(1975—1997)》(下),中央文献出版社2004年版,第769—770页。

② 《邓小平年谱(1975—1997)》(下),中央文献出版社2004年版,第785页。

③ 《邓小平年谱(1975—1997)》(下),中央文献出版社2004年版,第970页。

年,恐怕是要五十年,接近发达国家的水平。"①

进入1986年后,这一理论渐趋成熟。

根据最新的发展形势,这年6月,邓小平把"小康社会"目标的标准从"人均八百美元"调整为"八百至一千美元"。此后,他一直沿用这一说法。1987年2月18日,在与加蓬总统邦戈会谈时,他修改了之前一直采用的"达到或接近发达国家的水平"的目标,转而提出"到下世纪中叶我们建成中等发达水平的社会主义国家"②。不久,他为"中等发达水平"确定了具体标准:"到本世纪末,中国人均国民生产总值将近达到八百至一千美元,看来一千美元是有希望的。""更重要的是,有了这个基础,再过五十年,再翻两番,达到人均四千美元的水平","那时,十五亿人口,国民生产总值就是六万亿美元,这是以一九八〇年美元与人民币的比价计算的,这个数字肯定是居世界前列的"③。这样,21世纪中叶的战略目标就确定为"人均四千美元"和"国民生产总值六万亿美元"。

1987年4月30日,邓小平在同西班牙政府副首相格拉会谈时,第一次比较完整地概括了从新中国成立到21世纪中叶100年间中华民族百年图强的"三步走"经济发展战略。

邓小平说:"我们原定的目标是,第一步在八十年代翻一番。以一九八〇年为基数,当时国民生产总值人均只有二百五十美元,翻一番,达到五百美元。第二步是到本世纪

---

① 《邓小平文选》第3卷,人民出版社1993年版,第79页。
② 《邓小平文选》第3卷,人民出版社1993年版,第204页。
③ 《邓小平文选》第3卷,人民出版社1993年版,第215—216页。

末,再翻一番,人均达到一千美元。实现这个目标意味着我们进入小康社会,把贫困的中国变成小康的中国。那时国民生产总值超过一万亿美元,虽然人均数还很低,但是国家的力量有很大增加。我们制定的目标更重要的还是第三步,在下世纪用三十年到五十年再翻两番,大体上达到人均四千美元。做到这一步,中国就达到中等发达的水平。这是我们的雄心壮志。"①

5月7日上午,邓小平在会见保加利亚共产党中央总书记、国务委员会主席托多尔·日夫科夫时再次介绍了这一目标:"我们党的十一届三中全会到现在整整八年时间,见效了,但这还只是我们走的第一步。因为我们制定的政策是搞七十年的政策。中国的工业、农业、科学、国防实现现代化要七十年时间,即本世纪二十年、下个世纪五十年。""到了下个世纪五十年代,实现第三步目标,我们中国人就可以说,在中国搞社会主义搞对了。"②

同年10月,党的十三大正式确认了"三步走"发展战略:第一步,实现国民生产总值比1980年翻一番,解决人民的温饱问题。这个任务已经基本实现。第二步,到本世纪末,使国民生产总值再增长一倍,人民生活达到小康水平。第三步,到下个世纪中叶,人均国民生产总值达到中等发达国家水平,人民

---

① 《邓小平文选》第3卷,人民出版社1993年版,第226页。
② 《邓小平年谱(1975—1997)》(下),中央文献出版社2004年版,第1186页。

生活比较富裕，基本实现现代化。①

1989年，面对政治风波后对"三步走"战略和"翻两番"小康目标的一些疑虑，邓小平于6月9日及时指出："在六十一年后，一个十五亿人口的国家，达到中等发达国家的水平，是了不起的事情。实现这样一个目标，应该是能够做到的。不能因为这次事件的发生，就说我们的战略目标错了。"②

从中华人民共和国建立之日起，用一百年的时间，把中国建设成为一个具有中等发达国家水平的社会主义现代化国家，这是邓小平在领导经济体制改革过程中，从实际出发，为中国的经济发展绘制的一张宏伟蓝图。实践充分证明，"三步走"发展战略是符合实际和非常有效的。习近平总书记指出："邓小平同志指导我们党正确认识我国所处的发展阶段和根本任务，制定了现代化建设'三步走'发展战略。"③"三步走"的百年战略制定完成，标志着完整的"小康社会"理论最终形成，这不仅为日后全面建设小康社会理论的形成和发展奠定了坚实的理论和实践基础，更为中国实现现代化的征程指出了清晰的前进道路。中共十九届六中全会通过的《中共中央关于党的百年奋斗重大成就和历史经验的决议》指出："以邓小平同志为主要代表的中国共产党人"，"明确提出走自己的路、建

---

① 《十三大以来重要文献选编》（上），中央文献出版社2011年版，第14页。

② 《邓小平文选》第3卷，人民出版社1993年版，第305页。

③ 《十八大以来重要文献选编》（中），中央文献出版社2016年版，第38页。

设中国特色社会主义，科学回答了建设中国特色社会主义的一系列基本问题，制定了到二十一世纪中叶分三步走、基本实现社会主义现代化的发展战略，成功开创了中国特色社会主义"。①

---

① 《中共中央关于党的百年奋斗重大成就和历史经验的决议》，人民出版社2021年版，第15—16页。

第三章

行路

总体小康水平的达到

达到前两步的发展目标，必须通过什么样的奋斗？

1. 小康临界值的制定

党的十三届四中全会以后，受命于重大历史关头的以江泽民同志为主要代表的中国共产党人，带领全国人民应对各方面的困难和挑战。

带领全党全国人民顺利完成第二步发展战略，实现小康的目标，开创中国社会主义现代化道路上的新局面，这是历史赋予第三代中央领导集体的神圣责任。按照"三步走"的发展战略，从1991年到2000年，我们要实现现代化建设的第二步战略目标，也就是要从温饱走向小康。在小康中国的发展道路中，"解决温饱问题是我国经济发展的一个重要阶段，由温饱达到小康是又一个重要发展阶段"①。

这个时间段，国际形势也发生了深刻变化，出现政治格局多极化、经济全球化、科技信息化三大趋势。苏联东欧持续动荡，两极格局即将结束，大国关系也要重新调整，新的霸权主义强权政治有所抬头。以信息技术为主要标志的世界科技革命

---

① 《十三大以来重要文献选编》（中），中央文献出版社2011年版，第754页。

形成新高潮,科技实力成为决定国家综合国力强弱和国际地位高低的决定性因素。知识经济初见端倪,经济全球化进程明显加快,跨国公司的生产经营和规模迅速发展,以强强联合为特征的兼并浪潮一轮又一轮地兴起,跨国公司成为影响世界经济发展的重要因素。伴随经济全球化进程,区域经济集团化倾向也在发展。90年代中国的"奔小康",面对着这样一个日益复杂的国际政治、经济环境。

进入20世纪90年代,我们越接近实现小康目标,就越需要对小康社会和小康水平作出更全面、更规范和更可操作的表述。

1990年12月,党的十三届七中全会指出:"人民生活逐步达到小康水平,是九十年代经济发展的重要目标。所谓小康水平,是指在温饱的基础上,生活质量进一步提高,达到丰衣足食。这个要求既包括物质生活的改善,也包括精神生活的充实;既包括居民个人消费水平的提高,也包括社会福利和劳动环境的改善。"①

1991年3月,七届全国人大四次会议通过的《关于国民经济和社会发展十年规划和第八个五年计划纲要的报告》指出:"今后十年总的目标,是努力使全国人民的生活达到小康水平。""我们所说的小康生活,是适应我国生产力发展水平,体现社会主义基本原则的。人民生活的提高,既包括物质生活的改善,也包括精神生活的充实;既包括居民个人消费水平的

---

① 《十三大以来重要文献选编》(中),中央文献出版社2011年版,第754页。

提高，也包括社会福利和劳动环境的改善。"①

1991年，国家统计局和国家计委、财政部、卫生部、教育部等12个部门组成课题组，按照党中央、国务院正式提出的小康社会内涵，确定了16个基本监测指标和小康临界值。这16个指标将小康的基本标准设定为：

（1）人均国内生产总值2500元（按1980年的价格和汇率计算，2500元相当于900美元）；

（2）城镇人均可支配收入2400元；

（3）农民人均纯收入1200元；

（4）城镇住房人均使用面积12平方米；

（5）农村钢木结构住房人均使用面积15平方米；

（6）人均蛋白质日摄入量75克；

（7）城市每人拥有铺路面积8平方米；

（8）农村通公路行政村比重85%；

（9）恩格尔系数50%；

（10）成人识字率85%；

（11）人均预期寿命70岁；

（12）婴儿死亡率3.1%；

（13）教育娱乐支出比重11%；

（14）电视机普及率100%；

（15）森林覆盖率15%；

---

① 《十三大以来重要文献选编》（下），中央文献出版社2011年版，第1506—1507页。

（16）农村初级卫生保健基本合格县比重100%。①

通过这样的清晰界定，20世纪90年代的小康社会建设就拥有了全面的可操作性，现代化道路上有了更详细的路标。

考虑到我国经济发展很不平衡的特点，党中央提出："全国小康水平的实现，从地区和时间上，将是逐渐推进的。到二〇〇〇年，目前已经实现小康的少数地区，将进一步提高生活水平；温饱问题基本解决的多数地区，将普遍实现小康；现在尚未摆脱贫困的少数地区，将在温饱的基础上向小康前进。"② 要确保按期实现小康目标，需要什么样的发展速度呢？据测算，90年代的10年间，国民生产总值年均增长5.7%，可确保实现翻两番。根据这个测算，并且考虑到自1988年开始的经济治理整顿的实际情况，中央在1990年底提出，今后10年国民生产总值平均每年增长6%左右。

---

① 《人民日报》2002年11月18日。
② 《十三大以来重要文献选编》（中），中央文献出版社2011年版，第754页。

2. 开发浦东与南方谈话

1990年，是开展小康社会建设以来我国国民经济增长最缓慢的一年，仅有3.8%，中国经济陷入了停滞困境。同时，国际风云剧变，中国正遭受西方国家的经济"制裁"，国内有些人对中国的改革开放提出了诘难，对每一项措施都要"问一问是姓社还是姓资"。中国，再次面临向何处去的问题。

中国该怎么打破困局？

带着这样的思考，当年1月20日，邓小平和国家主席杨尚昆一起从北京前往上海。1月28日上午，邓小平委托杨尚昆代表他听取上海市委的汇报。为此，杨尚昆专门带了一个笔记本，但是直到汇报结束，却一个字也没有记。时任上海市委常委、秘书长的王力平回忆："尚昆同志一个字都没记，就在这笑眯眯地听，说完了以后，快到十二点了，他说是不是有时间，再聊一聊。外国人说我们要收啦，我们要向'左'转啦，不搞改革开放。小平同志说，做点什么事情，证明我们没有收，没有向'左'转，上海的同志，你们想一想。"[1]邓小平的要求，让上

---

[1] 王力平采访记录，2014年。

海市委领导颇感意外，为了回答好这个问题，他们专门向几位已经退居二线的老领导请教。几天后，上海市委再次向杨尚昆等人做了汇报，包括上海存在的严重问题，以及上海市几届领导班子关于重振上海的各种设想，其中一个重点是开发浦东。浦东，指的是黄浦江以东、长江口西南、川杨河以北的一块三角形地区，面积约350平方公里。从20世纪80年代初期，开发浦东就是上海市政府的重要设想，但苦于缺少条件，难以实施。汇报会结束后，杨尚昆把上海方面开发浦东的设想详细地汇报给了邓小平，邓小平表示赞同，但没有提出具体意见。

  上海是中国经济和财政的支柱。在这里的大动作，不仅要冒很高的风险，还要面对来自各方面的压力。稍有差错，甚至会动摇整个国家经济的基础。但是，开发浦东不仅可以打破国际封锁，更能把改革开放迅速提升到一个更高的层次。2月13日，邓小平准备返回北京。乘中巴车前往火车站的途中，邓小平对时任上海市委书记的朱镕基说：开发浦东，"我赞成，你们应当多向江泽民同志汇报。""你们搞晚了。但现在搞也快"。他还鼓励朱镕基："从八十年代到九十年代，我就在鼓动改革开放这件事。胆子要大一点，怕什么。"[①]这番话，表达了开发浦东的决心。

  1990年2月27日上午，邓小平在人民大会堂福建厅会见香港特别行政区基本法起草委员会的委员。利用会见前不多的时间，邓小平把江泽民、杨尚昆、李鹏等几个人叫到一起，开门

[①] 《邓小平年谱（1975—1997）》（下），中央文献出版社2004年版，第1308页。

见山地说：上海要搞浦东开发区，可以引进资金和先进技术，是发展经济的一条捷径，应该支持一下。江泽民当即表示：我们一定抓紧办，抓紧开发。邓小平还特别交代李鹏："你是总理，浦东开发这件事，你要管。"①李鹏一刻也没有耽误，当天中午就开始着手布置相关工作。

3月3日，邓小平再次向中央负责同志强调："上海是我们的王牌，把上海搞起来是一条捷径。"②与此同时，国家计委主任邹家华、副主任叶青已率工作组在浦东进行了实地考察。3月下旬，国务院副总理姚依林率队来到上海，进行为期十天的深入调研。姚依林向上海市负责人转达了邓小平的意见：对于浦东，不仅要开发，还要开放。王力平说："开发浦东是上海同志先提出来的，开放浦东是小平同志提出来的。这样，在那年1990年的人代会，题目很清楚，落实邓小平同志的指示，开发开放浦东。"③

以开发开放浦东为突破口，中国再次打开了小康社会建设和现代化道路的全新局面。

4月12日，中央政治局会议原则通过国务院提交的浦东开发方案。18日，李鹏在上海向全世界公开宣布：加快上海浦东地区的开发，在浦东实行经济技术开发区和某些经济特区的政策。30日，上海市政府召开新闻发布会，朱镕基宣布了开发浦

---

① 《邓小平年谱（1975—1997）》（下），中央文献出版社2004年版，第1308页。

② 《邓小平文选》第3卷，人民出版社1993年版，第355页。

③ 王力平采访记录，2014年。

东的十条政策。开发开放浦东的决策一经公布,首先打消的是国外对中国未来走向的疑虑。7月15日,美国《纽约时报》记者纪思道这样写道:中国正在建立亚洲的金融中心,同时向世界证明,它仍然未关闭对世界的大门。这位普利策奖得主还敏锐地观察到:中国正在将它的经济发展从珠三角移到长三角。

决策已经制定,但要付诸实施,还有许多想象不到的困难。

最主要的阻力,并不是资金和基础设施的短缺,而是思想的禁锢。王力平回顾:"有的人认为,我们就是打个政治牌,表示个态度,要钱没钱,国外又'制裁',中央支持有限,就是表示个态度,要搞恐怕不能着急。总觉得好像信心上差一点。"①

1991年1月27日,邓小平再次出发前往上海。这一次邓小平特别提出,要到几个企业去看一看。而且,他一路看一路讲,讲的话与众不同。

2月6日上午,邓小平视察上海大众汽车有限公司。这里生产的"桑塔纳"是中国老幼皆知的车型,在全国轿车市场销量第一,而且基本实现了国产化。看着流水线上的一辆辆新车,邓小平说:如果不是开放,我们生产汽车还会像过去一样用锤子敲敲打打。说"三资"企业不是民族经济,害怕它的发展,这不好嘛。发展经济,不开放是很难搞起来的。改革开放还要讲,我们的党还要讲几十年。光我一个人说话还不够,我们党

---

① 王力平采访记录,2014年。

要说话，要说几十年。10点30分，邓小平离开上海大众。坐车途经外滩，朱镕基指着被喻为"万国建筑博览群"的外滩大楼对邓小平说，解放前这里是银行大楼，解放后是政府办公楼，有些楼现在可以租赁给外国人设银行、办商业，但又有顾虑，有些人担心这和旧上海的租界差不多了。听了这些，邓小平毫不犹豫地说：要克服一个怕字，要有勇气。什么事情总要有人试第一个，才能开拓新路。试第一个就要准备失败，失败也不要紧。希望上海人民思想更解放一点，胆子更大一点，步子更快一点。

视察中，邓小平专门谈到了计划与市场的问题。他说："不要以为，一说计划经济就是社会主义，一说市场经济就是资本主义，不是那么回事，两者都是手段，市场也可以为社会主义服务。"[①]时任上海市委副书记的吴邦国回忆："为什么谈这个问题呢？因为上海，大家知道是一个长期的计划经济比较集中的地方，国有企业比较集中的地方，也是计划经济贯彻得比较彻底的一个地方。最多的时候上海百分之九十五以上都是指令性计划，所以要想上海经济有一个比较大的腾飞，要几年跨一个台阶，首先的问题就是从计划经济束缚里面要摆脱出来。"[②]

通过几天的视察，邓小平更加确信了开发开放浦东的重要性和紧迫性。2月18日，在市中心新锦江酒店的四十一层旋转餐

---

① 《邓小平年谱（1975—1997）》（下），中央文献出版社2004年版，第1327页。
② 吴邦国采访记录，1997年。

厅，邓小平听取了浦东开发的规划，他进一步鼓励上海人民："我们说上海开发晚了，要努力干啊！""开发浦东，这个影响就大了，不只是浦东的问题，是关系上海发展的问题，是利用上海这个基地发展长江三角洲和长江流域的问题。抓紧浦东开发，不要动摇，一直到建成。只要守信用，按照国际惯例办事，人家首先会把资金投到上海，竞争就要靠这个竞争。"①他还提出："金融很重要，是现代经济的核心。金融搞好了，一着棋活，全盘皆活。上海过去是金融中心，是货币自由兑换的地方，今后也要这样搞。中国在金融方面取得国际地位，首先要靠上海。"②

之后的30年，浦东创造性贯彻落实党中央决策部署，取得了举世瞩目的成就。

党的十四大强调，以上海浦东开发开放为龙头，进一步开放长江沿岸城市，尽快把上海建成国际经济、金融、贸易中心之一，带动长江三角洲和整个长江流域地区经济的新飞跃。党的十五大、十六大、十七大都要求浦东在扩大开放、自主创新等方面走在前列。进入新时代，党的十八大、十九大继续对浦东开发开放提出明确要求，党中央把首个自由贸易试验区、首批综合性国家科学中心等一系列国家战略任务放在浦东，推动浦东开发开放不断展现新气象。浦东的经济实现跨越式发展，生产总值从1990年的60亿元跃升到2019年的1.27万亿元，财政

---

① 《邓小平文选》第3卷，人民出版社1993年版，第366页。
② 《邓小平文选》第3卷，人民出版社1993年版，第366—367页。

总收入从开发开放初期的11亿元增加到2019年的逾4000亿元，浦东以全国1/8000的面积创造了全国1/80的国内生产总值、1/15的货物进出口总额。浦东改革开放和小康社会建设也走在全国前列，这里诞生了第一个金融贸易区、第一个保税区、第一个自由贸易试验区及临港新片区、第一家外商独资贸易公司等一系列"全国第一"。浦东的核心竞争力大幅度增强，基本形成以现代服务业为主体、战略性新兴产业为引领、先进制造业为支撑的现代产业体系，承载了上海国际经济中心、金融中心、贸易中心、航运中心、科技创新中心建设的重要功能。浦东人民的生活水平整体性跃升，2019年城乡居民人均可支配收入达到71647元，人均预期寿命从1993年的76.10岁提高到84.46岁，城镇人均住房建筑面积从1993年的15平方米提高到42平方米。经过30年发展，浦东已经从过去以农业为主的区域，变成了一座功能集聚、要素齐全、设施先进的现代化新城。浦东开发开放30年取得的显著成就，为中国特色社会主义制度优势提供了最鲜活的现实明证，为中国小康提供了最生动的实践写照！

"抓紧浦东开发，不要动摇，一直到建成。"邓小平当年的这一系列掷地有声的讲话，当时外界毫不知情。考虑自己已经退休，邓小平要求：不见外国人，不放电视，不见报，免得引起外国报纸注意。但这些思想火花难掩光芒，还是以另一种形式走进了人民之中。

1991年2月15日，正是农历辛未羊年正月初一，上海《解放日报》头版，一篇署名"皇甫平"的评论——《做改革开放的"带头羊"》引起了人们的关注。文章开篇即鲜明提出："抚今忆昔，历史雄辩地证明，改革开放是强国富民的唯一道路，没有改革就没有中国人民美好的今天和更加美好的明天!"文中引用了许多邓小平视察上海时的原话，锋芒力透纸背。从2月15日到4月12日，每间隔20天左右发表1篇，《解放日报》头版连续发表了4篇署名"皇甫平"的文章。四篇文章相互呼应，阐明宣传了邓小平最新的改革开放思想。

在上海指引道路的思想火花转化为推进改革的舆论先导，为即将来临的1992年，埋下了重要的伏笔。

1992年，中国处在一个重大历史关头，是小康中国之路和现代化进程中一个重要的站点。"小康"目标提出已经13年，改革开放进行了14年，并且刚刚经历了三年治理整顿，国内形势出现很多新情况。国外的情况也极为复杂，国际社会主义运动遭受严重挫折之后，中国还要不要坚持以经济建设为中心，坚持改革开放？我们应当如何实现现代化，还要不要坚持"小康社会"的目标？还有，关于改革开放目标的取向究竟是以完善计划经济体系为导向，还是以最后建立起市场经济体系为导向的问题，学术界经过从1990年7月一直到1991年底的激烈争论仍难达成一致，无法得出最终结论。中国经济体制改革的目标到底是什么？这些都是不能回避必须作出正确回答的问题。当年秋天，将要召开中国共产党第十四次全国代表大会。面对国际形势的新变化和国内改革开放的新情况，党的十四大将怎样谋划中国社会主义的发展前景，举什么旗，走什么路？这是国际国内关注的焦点。

1992年初，中国南方的几个省接到邓小平的警卫秘书、中央警卫局副局长孙勇发出的电报,主要内容是:第一,邓小平同志出发去南方休养,路过你省,具体时间请跟铁道部联系;第二,请做好沿线的安全警卫工作;第三,邓小平同志所到各省,不接不送。①湖北省委书记关广富接到通知后,与省长郭树言、省委副书记兼武汉市委书记钱运录商量,最后决定:"小平同志要来,我们不但安全保卫要搞好,而且一定要去看看老领导!"②随后,通过湖北省委政法委书记、省公安厅厅长田期玉的请示,征得专列上负责警卫人员的同意。

  1月18日上午10点25分,邓小平一行抵达武昌火车站。按照出发前制定的行程表,此站的停车时间是20分钟。火车还没有停稳,孙勇就在车门口对等候在站台的关广富三人说:"小平同志同意见你们,你们上车来吧。"三人还没有走到火车舷梯,邓小平从车厢走了出来。他直接喊出关广富的名字,请关广富他们陪他在站台散步。武昌火车站的站台只有短短的500米。邓小平一边走一边听汇报,时而插上几句话,时而停下脚步。据关广富回忆,他们就这样来回走了4趟,一共停下来6次。他们走走停停,边走边谈,这是一次信息高度浓缩的谈话,邓小平出人意料地谈了许多重要问题。当时,无论是湖北省委的领导还是专列上的人员都没有做好准备:"因为(邓小平)出去不爱讲话的,所以我们也没有说跟在他旁边,或者记录或者录音这种习惯从来没有的,那突然他讲了这么多的话,

---

① 孙勇采访记录,2014年。
② 关广富采访记录,2014年。

我们当时就有点措手不及。"①

当关广富说到把中央的路线贯彻到基层难度比较大，但还要坚持不懈地贯彻中央的路线时，邓小平突然站住了。他大声说道："基本路线你们一定要记住，不动摇，管它一百年。"②听到邓小平突然讲起话来，钱运录想起要记录，但手上没有纸，只好赶紧把香烟盒拆开。于是，钱运录在5个香烟盒纸上记录下邓小平的这番重要谈话。

当关广富谈到现在形势不错，经济正回升，效益也开始上来，但湖北同沿海比开放不够，有一段改革开放声音小一些，这一段要大一些，现在群众情绪稳定时，邓小平说："关键是要把国内的事情办好，经济要发展。现在经济发展得还不够，人家还不一定看得起我们。关键是要发展经济，发展经济就要靠改革开放。不要怕搞点资本主义，多搞点三资企业不要怕。只要我们头脑清醒，就不要怕。我们有优势，有国营大中型企业，有乡镇企业，政权在我们手里，我们还有无产阶级专政这一条。经济要发展，低速度就等于不发展。现在，周围的台湾比我们快，东南亚的一些国家比我们快。如果我们发展慢了，老百姓一比较，就有问题了。经济发展要快，不要慢，只要是稳步协调发展。"③

当关广富、钱运录等谈到中央工作会议和八中全会开得好，现在政策稳定，改革的方向和重点明确，关键是坚持了三

---

① 关广富采访记录，2014年。
② 关广富采访记录，2014年。
③ 钱运录记录：《邓小平同志谈话要点》。

中全会以来的路线时,邓小平说:"要坚持三中全会以来的路线、方针、政策,关键是'一个中心、两个基本点',这个路线要管一百年。我们发展三十年、五十年,建设好了,人家就看得起我们。三中全会以来的政策不能变,谁变,老百姓不答应,就要打倒,这个问题我讲过几次。"邓小平肯定了几个月前召开的中共十三届八中全会,他说:"全会开得很好。农村家庭联产承包责任制这一条作用很大。"①

当一位工作人员谈到,邓小平对现在的省委书记很多不认识时,邓小平说:"中国变不变,关键是人。帝国主义搞和平演变,把希望寄托在中国第三代、第四代身上。我们这些人在,有分量,他们知道变不了。现在中央的班子干得不错嘛!我们这些老人关键是不管事,让新上来的人放手干,看着现在的同志成熟起来。现在还要继续选人,选更年轻的同志,帮助培养,不要迷信,我二十几岁就做大官了,二十四岁当中央秘书长,什么也不懂,不比你们现在懂的多,不是也照样干。要选人,人选好了,帮助培养,让更多的年轻人成长起来。我们能看着他们成长起来,我们就放心了,现在还不放心啊,说到底,关键是我们共产党内部要搞好,不出事,就可以放心睡大觉。"②

在武昌火车站,邓小平还特别对形式主义提出批评,他说:"现在有一个问题,就是形式主义多。电视一打开,尽是

---

① 钱运录记录:《邓小平同志谈话要点》。
② 钱运录记录:《邓小平同志谈话要点》。

会议。会议多,文章太长,讲话也太长,而且内容重复,新的语言并不很多。重复的话要讲,但要精简。形式主义也是官僚主义。要腾出时间来多办实事,多做少说。毛主席不开长会,文章短而精,讲话也很精练。周总理四届人大的报告,毛主席指定我负责起草,要求不得超过五千字,我完成了任务。五千字,不是也很管用吗?我建议抓一下这个问题。"①他对关广富说:"委托你,给江泽民同志、李鹏同志,还有其他几位同志都捎个话,打个电话,告诉他们,注意这个事。"

11点02分,火车重新开动向南方驶去后,关广富、郭树言、钱运录3人立即在车站的一间办公室里,凭着记忆将邓小平的谈话内容记录下来,由钱运录作笔录,整理出《邓小平同志谈话要点》,当天即用密码电报报告给中共中央办公厅。在从北京出发的时候,邓小平的身体状况其实并不好。专列的列车长齐文明回忆他当时的状况:"88岁高龄,但是从精神面貌上还是很好,不像他那个年岁的老人。但是实际上年龄在那,走路啊由原来的那么快,(变成)上下车需要搀了,包括他身边的人员和我们乘务员都(去)搀扶。"②当时的列车员李坤也说:"他其实从北京上车的时候他身体并不是很好。"③服务员贾迎光也说:"什么话也没有,你眼前过人他眼珠子都不带转的,就是旁边已经没有什么那种感觉,就是在特别专一地在那

---

① 《邓小平文选》第3卷,人民出版社1993年版,第381—382页。
② 齐文明采访记录,2014年。
③ 李坤采访记录,2004年。

儿思考，挺辛苦的。我们有时候看看都比较心疼他。"①而在武昌火车站的谈话成为南方谈话的开端，邓小平也由此转换到一个特殊的精神状态，甚至可以说有一些亢奋。列车员李坤回忆："也可能他心里有一团火呀。他每次一到了站台，他马上就感觉好像不用人扶了那种感觉，而且到了地方也是这样的，就是说精神状态马上就不一样。"②

1月19日上午9点，邓小平乘坐的列车停在深圳站的月台。舟车劳顿，但邓小平毫无倦意。当时担任邓小平保健医生的傅春恩回忆："下了火车到宾馆休息了一会儿，首长就要去看看市容。我们觉得才到了没一会儿又要出去比较辛苦。他不怕，不辞辛苦的。"③邓小平说："到了深圳，我坐不住啊，想到处去看看。"④深圳繁荣兴旺、生机勃勃的景象，令邓小平十分高兴，他后来说："八年过去了，这次来看，深圳、珠海特区和其他一些地方，发展得这么快，我没有想到。看了以后，信心增加了。"⑤当听说1984年他来时，深圳人均收入只有600元，到了1992年已经达到2000元时，他感到很欣慰。1月20日上午，邓小平在国贸大厦53层的旋转餐厅俯瞰深圳市容，充分肯定了深圳在改革开放和小康社会建设中所取得的成绩，然后说道："我们推行三中全会以来的路线、方针、政策，不搞强迫，不

---

① 贾迎光采访记录，2004年。
② 李坤采访记录，2004年。
③ 傅春恩采访记录，2014年。
④ 《回忆邓小平》（下），中央文献出版社1998年版，第477页。
⑤ 《邓小平文选》第3卷，人民出版社1993年版，第370页。

搞运动,愿意干就干,干多少是多少,这样慢慢就跟上来了。不搞争论,是我的一个发明。不争论,是为了争取时间干。一争论就复杂了,把时间都争掉了,什么也干不成。不争论,大胆地试,大胆地闯。"①他坚定地说:"要坚持党的十一届三中全会以来的路线、方针、政策,关键是坚持'一个中心、两个基本点'。不坚持社会主义,不改革开放,不发展经济,不改善人民生活,只能是死路一条。基本路线要管一百年,动摇不得。"②陪同的邓榕忆及当时的情景:"起初没有任何人要求他讲,所以我当时就措手不及,连笔都没带,只能跟服务员要了一支笔,又把在餐厅里面的白纸巾,要了两张。所以那个谈话记录是我用服务员的笔在餐巾纸上记下来的。"③

1月22日,邓小平到深圳仙湖植物园游览,种下了一棵常青高山榕。当听说当地有一种"发财树"时,他说:"让全国人民都种,让全国人民都发财。"④当天下午,邓小平向广东省和深圳市的负责人指出:"改革开放胆子要大一些,敢于试验,不能像小脚女人一样。看准了的,就大胆地试,大胆地闯。深圳的重要经验就是敢闯。没有一点闯的精神,没有一点'冒'的精神,没有一股气呀、劲呀,就走不出一条好路,走不出一条新路,就干不出新的事业。不冒点风险,办什么事情都有百

---

① 《邓小平文选》第3卷,人民出版社1993年版,第374页。
② 《邓小平文选》第3卷,人民出版社1993年版,第370—371页。
③ 邓榕采访记录,2014年。
④ 《邓小平年谱(1975—1997)》(下),中央文献出版社2004年版,第1336页。

分之百的把握，万无一失，谁敢说这样的话？一开始就自以为是，认为百分之百正确，没那么回事，我就从来没有那么认为。"①

1月23日，邓小平结束了在深圳5天的考察，登上了海关902快艇，启程到珠海特区考察。舰舱内，广东省委书记谢非打开一张广东省地图，和珠海市委书记、珠海市市长梁广大一起向邓小平汇报广东改革开放和经济发展的情况。邓小平戴上花镜，一边看地图，一边听汇报，一边也在谈话。他的女儿邓楠说："我印象最深的就是，我们从深圳坐船到珠海的时候，在船上大约有一个多小时的时间，他一直在滔滔不绝地说。我曾经打断过他两次，我说爸爸，休息一会儿吧。但是我这话刚一落，他又开始说。你不让他说都不行，我觉得他是最后给国家、人民作一点交代。"②快艇已接近珠海市九洲港，邓小平站起来，望着窗外烟波浩渺的伶仃洋说："我们改革开放的成功，不是靠本本，而是靠实践，靠实事求是。""实践是检验真理的唯一标准。我读的书并不多，就是一条，相信毛主席讲的实事求是。过去我们打仗靠这个，现在搞建设、搞改革也靠这个。我们讲了一辈子马克思主义，其实马克思主义并不玄奥。马克思主义是很朴实的东西，很朴实的道理。"③梁广大说："他（邓小平）强调整个中国都要加快发展，不要等。因为当时整个国际形势瞬息万变，我们不争分夺秒地赶上去，就

---

① 《邓小平文选》第3卷，人民出版社1993年版，第372页。
② 邓楠采访记录，2014年。
③ 《邓小平文选》第3卷，人民出版社1993年版，第382页。

会出问题。"①

对已经成为现代化海滨城市的珠海,邓小平表示赞许:"这样搞很漂亮,有自己的特点。""这里很像新加坡呀,这么好的地方谁都会来,我要是外商的话,我也会来这里投资的。"②在珠海的7天里,邓小平一连考察了几个高科技企业。1月25日,在亚洲仿真控制系统工程有限公司,他向公司总经理游景玉求证:"科学技术是第一生产力的论断,你认为站得住脚吗?"游景玉回答说:"我认为站得住脚,因为我们是用实践来回答这个问题的。"邓小平点点头:"就是靠你们来回答这个问题。"游景玉接着说:"我们过去的实践、现在的实践和未来的实践都会说明这个问题。我相信它是正确的。"邓小平表示:"希望所有出国学习的人回来。不管他们过去的政治态度怎么样,都可以回来,回来后妥善安排。这个政策不能变。告诉他们,要做出贡献,还是回国好。希望大家通力合作,为加快发展我国科技和教育事业多做实事。"③看着机房内先进的技术设备和良好的工作条件,邓小平颇有感慨地说:"我是看新鲜,越新越好,越高越好。越新越高,我就越高兴。我高兴,人民高兴,中国这个国家高兴。"④游景玉回忆:"照完相以后,小平同志特别高兴,和大家一个个握手,一个不落,不管是后排的人,还是前排的人。那个情景实在是让人

---

① 梁广大采访记录,2014年。
② 《回忆邓小平》(下),中央文献出版社1998年版,第491页。
③ 《回忆邓小平》(下),中央文献出版社1998年版,第496—497页。
④ 《回忆邓小平》(下),中央文献出版社1998年版,第498页。

非常激动,我们有些同志、有些年轻的工程师,几个人的手一起抓在他的手上,这个照片也留下来了。这充分体现了群众、年轻的知识分子,年轻的一代对小平同志的感情。我觉得小平同志本人也很舍不得走。"①在返回的路上,邓小平反复对省市负责人说:"要挖掘人才,要不断造就人才,一年三百六十五天,都要做这件事。只要有人才,就可以创造出技术,事业就兴旺发达。"②

1月31日,邓小平再次来到上海。2月10日,他到中外合资的上海贝岭微电子制造有限公司视察。在公司的超净化车间,邓小平仔细观察从国外引进的先进设备,其中的关键设备大束流离子注入机,是首次从美国引进到中国的。这时,邓小平向周围的人提出了一个问题,令时任上海贝岭微电子制造有限公司董事长的陆德纯至今记忆犹新:"邓小平看了这个设备以后就说了,这个设备是姓'资'还是姓'社'?就问大家。当时我们,小平同志身边好多人,包括吴邦国等等,我们都说是姓'社',小平同志肯定了这一点。"③邓小平说,它们姓"社"。资本主义国家的设备、技术、管理,拿来为我们社会主义所用,那就是姓"社"了。

2月12日,邓小平到上海闵行经济技术开发区视察,这里在1986年被批准为国家经济技术开发区,定位就是对外开放的

---

① 游景玉采访记录,2014年。
② 《邓小平年谱(1975—1997)》(下),中央文献出版社2004年版,第1338页。
③ 陆德纯采访记录,2014年。

窗口。上午9点多,邓小平来到位于闵行经济技术开发区中心的紫藤宾馆一层大厅。时任闵行联合发展有限公司党委书记的鲁又鸣回忆:"我跟小平同志汇报,通过这六年,我们投下去的钱,非但没有扔到黄浦江里面去——因为当时有人讲开而不发,地皮晒太阳,钱扔到黄浦江里面去了——我们的基本建设投资,不但是全部回收了,而且回收了二点八倍,他这个数字听得很清楚。他说二点八倍,这不是有利于社会主义吗?"[1]原定十分钟的汇报,激动的鲁又鸣讲了二十分钟,88岁的邓小平始终在细心地听着。汇报结束后,邓小平意味深长地说:"到本世纪末,上海浦东和深圳要回答一个问题,姓'社'不姓'资',两个地方都要做标兵。要回答改革开放有利于社会主义,不利于资本主义。这是个大原则。要用实践来回答。""实践这个标准最硬,它不会做假。要用上百上千的事实来回答改革开放姓'社'不姓'资',有利于社会主义,不利于资本主义。"[2]

这,是对纠缠许久的姓"资"姓"社"问题的正面回答,是中国现代化道路上一声响亮的号角。

1992年2月4日,《解放日报》头版率先发表了题为《十一届三中全会以来的路线要讲一百年》的署名评论,拉开了宣传邓小平南方谈话精神的序幕。中央和全国各地方媒体纷纷发表支持言论,《深圳特区报》著名的新闻通讯《东方风来满眼

---

[1] 鲁又鸣采访记录,2014年。
[2] 《邓小平年谱(1975—1997)》(下),中央文献出版社2004年版,第1340页。

春》更是迅速传遍了世界。2月28日，中共中央将邓小平1月18日至2月21日在武昌、深圳、珠海、上海等地视察期间的谈话要点作为中央1992年第二号文件下发，要求尽快逐级传达到全体党员干部。很快，中华大地上迸发出蓬勃盎然的无限生机。

对于邓小平本人来说，南方谈话相当于自己最后的政治交代。

几个月后，邓小平对弟弟邓垦说："对我个人来讲现在死正好是时候，你们要想透要超脱旧的观念，自然规律违背不了，但是我还想多活，剩下的时间想看看。我这一生有一个阶段性的成果，就是这次'南方谈话'定了调，这个调没有错。十二多亿人口有了明确的方向、道路和方法，市场经济是方法手段，不是确定社会性质，我们没有辜负这些年，做了应该做的事，做了好事，这辈子就可以了。"①在提出小康目标并带领中国人民奋力实现现代化的征程中，邓小平付出了自己最后的精力。南方谈话后不久，他的身体一下子垮了下来，再也没有缓过来。

---

① 《党的文献》2014年增刊，第148页。

3. 社会主义市场经济与提前翻两番

1979年11月26日,也就是"小康"目标诞生前一个月,邓小平在会见美国客人吉布尼和加拿大客人林达光等人时为中国的现代化建设提出一个崭新的课题:"社会主义也可以搞市场经济"。他语气肯定地表示:"说市场经济只存在于资本主义社会,只有资本主义的市场经济,这肯定是不正确的。社会主义为什么不可以搞市场经济,这个不能说是资本主义。我们是计划经济为主,也结合市场经济,但这是社会主义的市场经济。""市场经济不能说只是资本主义的。市场经济,在封建社会时期就有了萌芽。社会主义也可以搞市场经济。"①当然,邓小平此时使用的概念"社会主义的市场经济",与后来的"社会主义市场经济"存在显著差异,他当时考虑的主要是"全民所有制"的"市场经济",但立足于当时大多数人仍认为社会主义只能采取计划经济的舆论环境,"社会主义也可以搞市场经济"的论断已经是巨大的理论突破,成为社会主义市

---

① 《邓小平文选》第2卷,人民出版社1994年版,第236页。

场经济确立的先声。也正由于其超前性，这一论断短时间内无法成为全党和理论界的共识。11月26日的谈话当时并没有公开发表，而是收在次年人民出版社在内部发行的《中央领导同志同外宾的谈话》一书中，在全国范围影响不大。

1980年1月16日，邓小平在中共中央召集的干部会议上再次提出"计划调节和市场调节相结合"的观点。一系列的突破和进展，在1981年的《关于建国以来党的若干历史问题的决议》（以下简称《决议》）和1982年的十二大报告中取得了阶段性的成果。《决议》中提出："必须在公有制基础上实行计划经济，同时发挥市场调节的辅助作用。"十二大报告中则形成了"计划经济为主，市场调节为辅"的提法。到1984年，《中共中央关于经济体制改革的决定》突破性地提出："改革的基本任务是建立起具有中国特色的充满生机和活力的社会主义经济体制。""改革计划体制，首先要突破把计划经济和商品经济对立起来的传统观念，明确认识社会主义计划经济必须自觉依据和运用价值规律，是在公有制基础上的有计划的商品经济。商品经济的充分发展，是社会经济发展的不可逾越的阶段，是实现我国经济现代化的必要条件。"就是因为这个突破，邓小平在十二届三中全会上即席讲话："这个决定，是马克思主义的基本原理和中国社会主义实践相结合的政治经济学。我有这么一个评价。"[①]1987年，党的十三大报告不再提"计划经济为主"，甚至在一些关键的措辞上，用"社会主义经济"一词替

---

① 《邓小平年谱（1975—1997）》（下），中央文献出版社2004年版，第1006页。

代了原来常用的"社会主义计划经济"。十三大报告的全新表述是：社会主义经济是公有制基础上的商品经济；新的经济运行机制，总体上来说应当是"国家调节市场，市场引导企业"的机制。

1990年12月24日，邓小平同新一代领导人江泽民等谈话："我们必须从理论上搞懂，资本主义与社会主义的区分不在于是计划还是市场这样的问题。社会主义也有市场经济，资本主义也有计划控制。""不要以为搞点市场经济就是资本主义道路，没有那么回事。计划和市场都得要。不搞市场，连世界上的信息都不知道，是自甘落后。"[①]1992年，南方谈话中关键性的内容："计划多一点还是市场多一点，不是社会主义与资本主义的本质区别。计划经济不等于社会主义，资本主义也有计划；市场经济不等于资本主义，社会主义也有市场。计划和市场都是经济手段。社会主义的本质，是解放生产力，发展生产力，消灭剥削，消除两极分化，最终达到共同富裕"[②]，对社会主义和市场经济的关系问题进行了充分的辨析，在全国乃至全世界影响极大，建设社会主义市场经济迅速在全党全国达成共识。

1992年6月9日，江泽民在中共中央党校省部级干部进修班上发表题为《深刻领会和全面落实邓小平同志的重要谈话精神，把经济建设和改革开放搞得更快更好》的讲话，其中提

---

① 《邓小平文选》第3卷，人民出版社1993年版，第364页。
② 《邓小平文选》第3卷，人民出版社1993年版，第373页。

出:"党的十四大报告中,总得最后确定一种大多数同志都赞同的有关经济体制的比较科学的提法,以利于进一步统一全党同志的认识和行动,以利于加快我国社会主义的新经济体制的建立。我个人的看法,比较倾向于使用'社会主义市场经济体制'这个提法。"①

3天后,邓小平在住地同江泽民谈话,对这一新提法表示充分赞成:"实际上我们是在这样做,深圳就是社会主义市场经济。不搞市场经济,没有竞争,没有比较,连科学技术都发展不起来。产品总是落后,也影响到消费,影响到对外贸易和出口。"他还说:"这样十四大也就有了一个主题了。"②

7月,江泽民在会见济南军区和北海舰队部分师以上领导干部时阐释:"经济上坚持公有制为主体的多种形式的所有制结构,绝不能搞私有化;坚持按劳分配为主体的多种分配形式,通过一部分人先富起来,最终达到共同富裕。这是我们的基本制度和基本政策。我们要搞的市场经济是同我们的社会主义制度紧密联系并结合在一起的,因而具有自身的本质特征,所以我们把它叫做社会主义市场经济。"③

10月12日,江泽民在中国共产党第十四次全国代表大会上作题为《加快改革开放和现代化建设步伐,夺取有中国特色社

---

① 《江泽民文选》第1卷,人民出版社2006年版,第202页。
② 《邓小平年谱(1975—1997)》(下),中央文献出版社2004年版,第1347—1348页。
③ 《江泽民思想年编(1989—2008)》,中央文献出版社2010年版,第85页。

会主义事业的更大胜利》的报告，其中正式指出："在社会主义的发展动力问题上，强调改革也是一场革命，也是解放生产力，是中国现代化的必由之路，僵化停滞是没有出路的。经济体制改革的目标，是在坚持公有制和按劳分配为主体、其他经济成分和分配方式为补充的基础上，建立和完善社会主义市场经济体制。"[①] "实践的发展和认识的深化，要求我们明确提出，我国经济体制改革的目标是建立社会主义市场经济体制，以利于进一步解放和发展生产力。"[②]

以此为标志，中国社会主义市场经济最终确立。

中国社会主义市场经济是在以下四个方面的基础上建立起来的：首先，中华人民共和国成立以来以毛泽东同志为主要代表的中国共产党人进行社会主义建设的经验和教训；其次，改革开放以来，在中国共产党领导下，全体中国人民进行的丰富而深刻的社会实践；第三，第二代、第三代领导集体深入探索和思考治国之道的结晶；第四，广大理论工作者对此问题的反复钻研和探讨。也就是说，社会主义市场经济这一伟大创举是在全体中国人民的共同努力下得以确立的，这个成果来之不易。

以1992年邓小平南方谈话和党的十四大为标志，我国的小康社会建设进入了一个新阶段。全国各个城市和地区的改革开放和小康社会建设迅速掀起高潮，开始快速发展。

---

① 《江泽民文选》第1卷，人民出版社2006年版，第219页。
② 《江泽民文选》第1卷，人民出版社2006年版，第226页。

社会主义市场经济体制建立起来，资源配置方式实现了由计划向市场的根本转变。1992年前，国家计划分配的物资有791种，几年之后，绝大部分生产资料已经进入市场流通。单一的公有制传统经济结构也得到突破，以公有制为主体，国有、集体、私营、个体、外资经济等共同发展的经济格局基本奠定。国有经济和集体经济在1978年分别占国内生产总值的56%和43%，个体、私营经济和港、澳、台、外商直接投资仅占1%。到1996年，国有经济和集体经济占国内生产总值的比重分别下降到40.8%和35.2%，个体、私营经济和港、澳、台、外商直接投资上升到24%。①同时，公有制经济虽然在数量上减少了，但整体素质比过去有所提高，特别是1994年底开始的国有企业建立现代企业制度的改革取得明显成效，公有制经济的主体地位显著增强。

对外开放的步伐加大，全方位对外开放格局形成。党中央制定《关于加快改革、扩大开放、力争经济更好更快地上一个新台阶的意见》，提出了一系列进一步加快改革和扩大开放的新政策。从1992年初到8月，先后新开放了5个沿江城市，18个省会城市，13个沿边城市，34个开放口岸，"经济特区—沿海开放城市—沿海经济开放区—沿江、沿边和内地"这样一个由南到北、由东到西、由外向内、由沿海向内地、由点到面、逐步推进、全面展开的对外开放格局逐渐形成。在这样的大好形势下，大量外资涌入中国，投资的国家和地区在半年多的时间

---

① 参见陈明显主编《邓小平南方谈话与中国经济社会发展》，中共中央党校出版社2002年版，第65页。

内就由1992年初的40个增加到60个。深圳、珠海、汕头、厦门特区1993年的国内生产总值比1979年增长约50倍，工业生产值增长约40倍。海南1993年与1987年相比，国内生产总值增长约2倍，工业生产总值增长约3倍，财政收入增长约5倍，外贸出口增长近9倍。上海浦东新区1993年的财政收入比1992年增长70%，外资引进翻一番，超过前三年累计引进外资项目总和。①

国家的整体改革不断向广拓展，向深挺进。科技体制、金融、政府职能等方面的调整改革也顺次展开，改革开放的浪潮风起云涌。卓有成效的改革开放保证了我国经济的快速发展，1993年，我国国内生产总值达到35524亿元，首次突破3万亿元大关，比上年增长13.9%，一些重要产品的产量大幅增加，企业技术改造和产品结构调整加快，农业获得丰收，粮食总产量4565亿公斤，达到历史最高水平。重点工程建设加速，京九、南昆等重要铁路干线建设进展顺利，高等级公路和重点港口建设加快，邮电通信状况迅速改善，扣除物价上涨因素，全国城镇居民人均可支配收入比上年增加9.5%，农村居民人均纯收入增长3.2%，城乡居民存款总额在年末达到15204亿元，比上年增长29%。②

1992年10月，江泽民在党的十四大报告中提出："九十年代我国经济的发展速度，原定为国民生产总值平均每年增长

---

① 参见陈明显主编《邓小平南方谈话与中国经济社会发展》，中共中央党校出版社2002年版，第105页。

② 参见《中国共产党的九十年》，中共党史出版社、党建读物出版社2016年版，第804页。

百分之六，现在从国际国内形势的发展情况来看，可以更快一些。根据初步测算，增长百分之八到九是可能的，我们应该向这个目标前进。在提高质量、优化结构、增进效益的基础上努力实现这样的发展速度，到本世纪末我国国民经济整体素质和综合国力将迈上一个新的台阶。国民生产总值将超过原定比一九八〇年翻两番的要求。""人民生活由温饱进入小康。"他建议国务院对"八五"计划作出必要的调整，并着手研究制定"九五"计划。①

1993年3月，党的十四届二中全会对"八五"期间的经济增长速度、产业结构、利用外资、进出口贸易、投资规模等指标提出了调整意见。关于"八五"期间国民经济平均每年的增长速度，综合考虑各种因素，由原计划的6%调整为8%—9%。

抓住机遇，加快发展，是90年代抓经济工作的基本指导思想。

随着建立社会主义市场经济体制的各项改革的推行和对外开放不断取得新进展，整个国民经济始终保持了较高速度的增长。"八五"期间，国民生产总值年均增长12%。1995年，国民生产总值达到5.76万亿元，提前5年实现了原定2000年国民生产总值比1980年翻两番的目标。

实现总量翻两番之后，党中央又及时提出了人均产值翻两番的更高要求。1995年9月，党的十四届五中全会审议并通过《关于制定国民经济和社会发展"九五"计划和2010年远景目

---

① 《江泽民文选》第1卷，人民出版社2006年版，第224、225页。

标的建议》，对到20世纪末实现小康目标的战略作了进一步调整，将"九五"国民经济和社会发展的主要奋斗目标确定为：全面完成现代化建设的第二步战略部署，2000年，在我国人口将比1980年增长3亿左右的情况下，实现人均国民生产总值比1980年翻两番；基本消除贫困现象，人民生活达到小康水平；加快现代企业制度建设，初步建立社会主义市场经济体制。①

更高的目标激发了全社会完成实现小康目标的积极性。1995年国民生产总值比上年增长10.5%，1996年再次增长9.6%，1997年又增长8.8%。1997年，我国国内生产总值达到74772亿元，提前3年实现了人均国民生产总值比1980年翻两番的目标。

---

① 《十四大以来重要文献选编》（中），人民出版社1997年版，第1481页。

4. "新三步走"的提出

在20世纪90年代，我国不仅提前实现了"小康"的目标，关于小康社会的理论也在实践中得到了进一步的深化和发展。

在完成前两步战略目标，达到总体小康以后，第三步应该怎么走？"小康"目标的提出者邓小平并没有设计出具体的步骤，但他告诫后来人："第三步比前两步要困难得多"，"要证明社会主义真正优越于资本主义，要看第三步，现在还吹不起这个牛。我们还需要五六十年的艰苦努力。那时，我这样的人就不在了，但相信我们现在的娃娃会完成这个任务"①。1989年6月，他向第三代中央领导集体郑重地提出建议："组织一个班子，研究下一个世纪前五十年的发展战略和规划"②。在他亲自审定的《邓小平文选》第三卷中，特别钟意将南方谈话中的这段话作为结尾："如果从建国起，用一百年时间把我国建设成中等水平的发达国家，那就很了不起！从现在起到下世纪中

---

① 《邓小平文选》第3卷，人民出版社1993年版，第226、227页。
② 《邓小平文选》第3卷，人民出版社1993年版，第312页。

叶，将是很要紧的时期，我们要埋头苦干。我们肩膀上的担子重，责任大啊！"①

从20世纪80年代末开始，以江泽民同志为主要代表的中国共产党人按照邓小平的要求，对我国现代化建设的第三步发展战略进行了科学的论证与规划。

1992年10月，江泽民在党的十四大报告中援引邓小平的话："从现在起到下个世纪中叶，对于祖国的繁荣昌盛和社会主义事业的兴旺发达，是很重要很宝贵的时期。我们的担子重，责任大。"继而指出："在九十年代，我们要初步建立起新的经济体制，实现达到小康水平的第二步发展目标。再经过二十年的努力，到建党一百周年的时候，我们将在各方面形成一整套更加成熟更加定型的制度。在这样的基础上，到下世纪中叶建国一百周年的时候，就能够达到第三步发展目标，基本实现社会主义现代化。"②这是我们党第一次对第三步战略目标作出具体的规划。

1995年9月，党的十四届五中全会对21世纪前10年我们的奋斗目标提出要求："实现国民生产总值比二〇〇〇年翻一番，使人民的小康生活更加宽裕，形成比较完善的社会主义市场经济体制。"③

1997年9月，在党的十五大上，江泽民对21世纪前50年的中

---

① 《邓小平文选》第3卷，人民出版社1993年版，第383页。
② 《江泽民文选》第1卷，人民出版社2006年版，第253页。
③ 《十四大以来重要文献选编》（中），中央文献出版社2011年版，第467页。

国现代化建设，明确提出分阶段的发展构想："展望下世纪，我们的目标是，第一个十年实现国民生产总值比二〇〇〇年翻一番，使人民的小康生活更加宽裕，形成比较完善的社会主义市场经济体制；再经过十年的努力，到建党一百年时，使国民经济更加发展，各项制度更加完善；到世纪中叶建国一百年时，基本实现现代化，建成富强民主文明的社会主义国家。"① 他还引述了邓小平的话："现在，我们国内条件具备，国际环境有利，再加上发挥社会主义制度能够集中力量办大事的优势，在今后的现代化建设长过程中，出现若干个发展速度比较快、效益比较好的阶段，是必要的，也是能够办到的。我们就是要有这个雄心壮志！"②

江泽民提出的21世纪前50年分三个阶段的发展构想，被称为"新三步走"发展战略。它是对邓小平提出的"三步走"发展战略的新发展，是小康社会理论与实践发展的新成果，是中国现代化道路上的新指针。

也是在1997年的十五大上，江泽民郑重宣布："现在完全可以有把握地说，我们党在改革开放初期提出的本世纪末达到小康的目标，能够如期实现。"③

---

① 《十五大以来重要文献选编》（上），中央文献出版社2011年版，第4页。

② 《十五大以来重要文献选编》（上），中央文献出版社2011年版，第4页。

③ 《江泽民文选》第2卷，人民出版社2006年版，第47页。

5. 总体达到小康水平

20世纪90年代，我国从计划经济向社会主义市场经济转型，带来了经济社会生活全方位的巨大变化，也带来了层出不穷的新问题和新矛盾。所以，我们必须一方面抓住机遇、加快发展，另一方面积极面对和处理好发展起来以后出现的新问题和新矛盾。特别是，为了进一步调动全社会"奔小康"的积极性，必须让最广大的人民群众都享受到改革开放和小康建设的成果。为做好这个建设小康社会需要处理好的重大课题，90年代"奔小康"的一个显著特点是，我们从坚持"两手抓、两手都要硬"，到提出"经济、政治、文化协调发展"，"促进社会全面进步"，不断拓展小康社会的内涵。

1995年9月，江泽民在十四届五中全会上提出"必须把社会主义精神文明建设提到更加突出的地位"的指导方针，强调："要把物质文明建设和精神文明建设作为统一的奋斗目标，始终不渝地坚持两手抓、两手都要硬。任何情况下，都不能以牺牲精神文明为代价去换取经济的一时发展。"他还提出："精神文明建设要同经济发展战略相适应，纳入国民经济和社会发展的总体规划。"①1996年10月，党的十四届六中全会专门通过《关于加强精神文明建设若干重要问题的决议》，进一步明确了精神文明建设在社会主义现代化建设总体布局中的战略地位，并提出要探索在发展社会主义市场经济和对外开放条件下建设社会主义精神文明的任务。

除了强调物质文明和精神文明协调发展，中央还提出了促进社会全面进步的方针。1991年7月1日，江泽民在庆祝中国共产党成立70周年大会上指出，党的基本路线和十三届七中全会提出的12条原则，"总起来说，就是要通过社会主义制度的自我完善和发展，建设有中国特色社会主义的经济、政治、文化，以适应和促进社会生产力的不断发展和社会全面进步，实现社会主义现代化。"②1992年10月，他又在十四大报告中提出："我们要在九十年代把有中国特色社会主义的伟大事业推向前进，最根本的是坚持党的基本路线，加快改革开放，集中精力把经济建设搞上去。同时，要围绕经济建设这个中心，加强社会主义民主法制建设和精神文明建设，促进社会全面进步。"③

到党的十五大，中央把实现经济、政治、文化协调发展，促进社会全面进步，上升到了党在社会主义初级阶段的基本纲领。十五大报告围绕建设富强民主文明的社会主义现代化国家的目标，深入地阐述了什么是社会主义初级阶段有中国特色社

---

① 《江泽民文选》第1卷，人民出版社2006年版，第473、474页。
② 《江泽民文选》第1卷，人民出版社2006年版，第152—153页。
③ 《江泽民文选》第1卷，人民出版社2006年版，第224页。

会主义的经济、政治和文化，怎样建设这样的经济、政治和文化。江泽民指出："建设有中国特色社会主义的经济、政治、文化的基本目标和基本纲领，有机统一，不可分割，构成党在社会主义初级阶段的基本纲领。""只有经济、政治、文化协调发展，只有两个文明都搞好，才是有中国特色社会主义。"①这就是后来概括的中国特色社会主义建设"三位一体"格局。

民主法制建设，既是社会全面进步的重要标志，又是社会全面进步的重要手段，中央由此提出了依法治国、建设社会主义法治国家。1996年2月8日，江泽民在中央第三次法制讲座上指出："实行和坚持依法治国，就是使国家各项工作逐步走上法制化的轨道，实现国家政治生活、经济生活、社会生活的法制化、规范化；就是广大人民群众在党的领导下，依照宪法和法律的规定，通过各种途径和形式参与管理国家，管理经济文化事业，管理社会事务；就是逐步实现社会主义民主的法制化、法律化。"②一个多月后，八届全国人大四次会议把"依法治国，建设社会主义法制国家"③作为一条基本方针写入《国民经济和社会发展"九五"计划和二〇一〇年远景目标纲要》。1997年，"党的十五大，明确把依法治国确定为党领导人民治理国家的基本方略，并把依法治国、建设社会主义法治国家作

---

① 《十五大以来重要文献选编》（上），中央文献出版社2011年版，第17、30页。

② 《江泽民文选》第1卷，人民出版社2006年版，第511页。

③ 《十四大以来重要文献选编》（中），人民出版社2011年版，第762页。

为政治体制改革的一项重要内容。"①

此外，关于社会建设，自90年代初也开始了更高层次的认识和考虑，并产生了一些具体政策思路，为日后作出加强社会建设的战略决策提供了思想基础。1991年3月，七届全国人大四次会议通过的《关于国民经济和社会发展十年规划和第八个五年计划纲要的报告》单列"关于社会发展"一章。1995年9月，党的十四届五中全会提出社会发展的总体要求是：保持社会稳定，推动社会进步，积极促进社会公正、安全、文明、健康发展。主要任务是：控制人口增长，提高生活质量，扩大劳动就业，完善社会保障，加强环境保护。②

我国的综合国力，在90年代中前期经济的持续快速发展中迅速提升。但同时，也暴露出发展中存在的一些问题：经济增长方式粗放，产业结构不尽合理，自主创新能力不强，能源资源消耗过大，城乡区域发展不平衡，等等。

中国的小康社会建设，中国式的现代化，能不能走出一条真正适合中国国情的科学发展的道路，我们进行了卓有成效的探索，取得了重要的成果。90年代中后期，中央从实际出发，作出了一系列重大战略决策，努力破解发展中的难题。

扶贫攻坚。1994年2月28日至3月3日，国务院召开全国扶贫开发工作会议，部署实施"国家八七扶贫攻坚计划"，要求在

---

① 《十五大以来重要文献选编》（上），中央文献出版社2011年版，第141—142页。
② 《十四大以来重要文献选编》（中），中央文献出版社2011年版，第485—486页。

20世纪末最后的7年内基本解决全国8000万贫困人口的温饱问题。1996年9月，江泽民在中央扶贫开发工作会议上讲道："实现小康目标，不仅要看全国的人均收入，还要看是否基本消除了贫困现象。""如果不能基本消除贫困现象，进一步拉大地区发展差距，就会影响全国小康目标的实现，影响整个社会主义现代化建设的进程。"[1]经过各级党委和政府的艰苦努力，扶贫攻坚取得显著成绩。1999年6月，江泽民指出：1978年，全国农村贫困人口有二亿五千万人，1993年底减少到八千万人，1998年减少到四千二百万人。农村贫困人口占农村人口的比重，由30.7%下降到4.6%。贫困地区的生产条件明显改善，人民生活水平显著提高，各项事业都取得了明显进步。现在，我国农村绝大多数人口的温饱问题已经基本得到解决，12亿中国人民进入和建设小康社会具备了更为坚实的基础。这不仅是中国历史上的奇迹，也是世界历史上的奇迹！[2]到2000年，农村尚未解决温饱问题的贫困人口由1994年的8000万人减少到3000万人。其中，国家重点扶持贫困县的贫困人口从1994年的5858万人减少到1710万人。沂蒙山区、井冈山区、大别山区、闽西南地区等革命老区群众的温饱问题已经基本解决。

科教兴国。小康社会中的精神文明建设，不仅表现在思想、法制等方面，还突出地体现在经济和社会的协调发展，科技、教育、文化等社会事业的全面发展，正是这些基础性的进

---

[1] 《江泽民文选》第1卷，人民出版社2006年版，第549页。

[2] 《十五大以来重要文献选编》（中），中央文献出版社2011年版，第26页。

步为小康建设提供强大的思想保证、精神动力和智力支持。1982年10月24日，也就是十二大正式确立"小康"目标后一个月，中央召开全国科学技术奖励大会并提出科技战略总方针："科学技术工作必须面向经济建设"，"经济建设必须依靠科学技术"。20世纪80年代中期，党和国家作出了把科学教育放到优先发展的战略地位，把经济发展纳入依靠科技进步轨道的重大决策。此时展开的全面改革，以城市经济体制改革为中心，更是包含众多领域改革的系统工程。科技体制与教育体制的改革，是全面改革的重要组成部分；科技与教育事业的蓬勃发展，也是我国在80年代后半段突飞猛进的重要原因。1985年3月，全国科技工作会议研究科技体制改革的重大问题。3月7日，科技体制改革的纲领性文件《关于科学技术体制改革的决定》（以下简称"《决定》"）发布。《决定》指出："科学技术体制改革的根本目的，是使科学技术成果迅速地广泛地应用于生产，使科学技术人员的作用得到充分发挥，大大解放科学技术生产力，促进经济和社会的发展。"科技体制改革全面展开后，取得了非常积极的成效。经过几年的实践，拨款制度改革基本完成预定目标，大批科研机构通过新的运行机制走上经济建设主战场。技术市场对科技成果转化为现实生产力的作用日益增强，合同成交额由1984年的7.2亿元上升到1991年的94.8亿元。科研单位与企业结成的科研生产联合体达1万多家，科研机构创办独资、合资技术经济实体4000多个。由科技人员创办的民办科技机构达2万多家，从业人员超过50万人。一些国家级和地方的经济技术开发区初具规模。科学技术对经济建设的服务产生了巨大效益，科研机构的经济实力也大大增强。到1990年，全国县以上自然科学领域的研究机构中，已有20%以上可以不要国家拨款，实现自主发展。新兴的民办机构也成为科技事业的一支生力军。最后也是最关键的是，这些变革促使我国科技水平的急剧上升。从1978年到1993年，我国共取得重大科技成果22万多项，无论数量上还是质量上都取得了长足的进步，我国整体科技实力快速缩小与世界领先水平的差距。如1995年江泽民指出的："一九八五年，党中央发布了关于科学技术体制改革的决定，开始了科技体制的全面改革。经过十几年改革和发展的成功实践，我国科技工作发生了历史性变化，科技实力和水平显著提高，战略重点已转向国民经济建设，为经济发展和社会进步作出了突出贡献。"①

80年代中期，高新技术的迅速发展愈加影响着世界格局。1986年3月3日，王大珩、王淦昌、杨嘉墀、陈芳允四位科学家联合写了一个《关于跟踪研究外国战略性高技术发展的建议》，呈送给邓小平，建议中央：全面追踪世界高技术的发展，制定中国高科技的发展计划。两天后，邓小平在信上批示："这个建议十分重要"，"找些专家和有关负责同志讨论，提出意见，以凭决策。此事宜速作决断，不可拖延。"②8月，国务院常务会议通过《国家高技术研究发展计划纲要》。后来专家提出将这一规划命名为"863"计划，以标志该计划是

---

① 《江泽民文选》第1卷，人民出版社2006年版，第425页。
② 《邓小平年谱（1975—1997）》（下），中央文献出版社2004年版，第1107页。

在1986年3月由邓小平亲自批准的。

20世纪后半叶，世界浪潮的一个重要变化就是科学理论的发展速度已经超过生产实践的发展，成为生产和技术的先导。1988年9月5日，邓小平接见来访的捷克斯洛伐克总统古斯塔夫·胡萨克，在当天午宴上他发表了一个崭新的论断："马克思说过，科学技术是生产力，事实证明这话讲得很对。依我看，科学技术是第一生产力。"[1]9月12日上午，邓小平从战略层面向当时的中央负责同志论述了科学和教育的重要性："从长远看，要注意教育和科学技术。""我见胡萨克时谈到，马克思讲过科学技术是生产力，这是非常正确的，现在看来这样说可能不够，恐怕是第一生产力。""对科学技术的重要性要充分认识。科学技术方面的投入、农业方面的投入要注意，再一个就是教育方面。我们要千方百计，在别的方面忍耐一些，甚至于牺牲一点速度，把教育问题解决好。"[2]中国和世界发展的事实证明，"科学技术是第一生产力"这一论断，不仅是正确的，而且突破了传统的生产力认识范畴和对科学技术作用理解的局限性，使人们从更高层次上看到了人类社会的发展前景，指明了中国进行小康建设的有效推动力量和发展社会生产力的根本途径，为我国大力发展科学技术提供了重要理论依据。

党中央深刻理解"科学技术是第一生产力"的思想，在世

---

[1] 《邓小平文选》第3卷，人民出版社1993年版，第274页。

[2] 《邓小平文选》第3卷，人民出版社1993年版，第274—275页。

界科技革命新浪潮和经济全球化日益发展的新形势下,进一步提高了科技和教育对推动经济社会发展具有决定性作用的认识。1989年12月,江泽民在国家科学技术奖励大会上提出:"我们要坚持把科学技术放在优先发展的战略地位,坚持依靠科技进步来提高经济效益和社会效益。"①1991年5月,他在中国科协第四次全国代表大会上提出,"把经济建设真正转移到依靠科技进步和提高劳动者素质的轨道上来",并强调这一转移与十一届三中全会把党的工作重点转移到经济建设上来具有同等重要的战略意义。②1992年10月,党的十四大报告指出:"振兴经济首先要振兴科技","科技进步、经济繁荣和社会发展,从根本上说取决于提高劳动者的素质,培养大批人才。我们必须把教育摆在优先发展的战略地位,努力提高全民族的思想道德和科学文化水平,这是实现现代化的根本大计。"③这是第一次以党的文件的形式,确定了科技和教育优先发展的战略地位。

1995年5月6日,党中央、国务院发布《关于加速科学技术进步的决定》,正式提出实施科教兴国战略。④5月26日,江泽民在全国科学技术大会上指出:"科教兴国,是指全面落实科学技术是第一生产力的思想,坚持教育为本,把科技和教育摆在经济、社会发展的重要位置,增强国家的科技实力及向现实

---

① 江泽民:《论科学技术》,中央文献出版社2001年版,第3页。
② 江泽民:《论科学技术》,中央文献出版社2001年版,第21页。
③ 《十四大以来重要文献选编》(上),中央文献出版社2011年版,第22页。
④ 《十四大以来重要文献选编》(中),中央文献出版社2011年版,第348页。

生产力转化的能力，提高全民族的科技文化素质，把经济建设转移到依靠科技进步和提高劳动者素质的轨道上来，加速国家的繁荣强盛。这是顺利实现三步走战略目标的正确抉择。"①这次会议对实施科教兴国战略作了全面部署。1996年3月，八届全国人大四次会议把科教兴国确立为我国的一项基本国策。1997年的十五大，进一步提出把科教兴国战略作为跨世纪的国家发展战略。

可持续发展。90年代上半期经济快速发展带来的一系列问题，促使我们进一步考虑经济发展还要保证持续、健康的问题和社会全面进步的问题。1994年3月，《中国21世纪议程》编制完成，提出可持续发展战略。1995年9月，江泽民在十四届五中全会上强调："在现代化建设中，必须把实现可持续发展作为一个重大战略。要把控制人口、节约资源、保护环境放到重要位置，使人口增长与社会生产力发展相适应，使经济建设与资源、环境相协调，实现良性循环。"②一个具有中国特色的以经济建设为中心，经济与社会、人与环境相互协调和可持续发展的新型经济社会发展战略由此而生。1996年7月16日，江泽民在第四次全国环保会议上进一步指出："经济发展，必须与人口、资源、环境统筹考虑，不仅要安排好当前的发展，还要为子孙后代着想，为未来的发展创造更好的条件，决不能走浪费资源和先污染后治理

---

① 《十四大以来重要文献选编》（中），中央文献出版社2011年版，第384页。
② 《江泽民文选》第1卷，人民出版社2006年版，第463页。

的路子，更不能吃祖宗饭、断子孙路。"①

区域经济协调发展，进行西部大开发。20世纪80年代，邓小平对全国经济的协调发展就进行过深刻考虑，提出了"两个大局"的思想：一个大局，就是东部沿海地区加快对外开放，使之较快地先发展起来，中西部地区要顾全这个大局；另一个大局，就是当发展到一定时期，比如20世纪末全国达到小康水平时，就要拿出更多力量帮助中西部地区加快发展，东部沿海地区也要服从这个大局。到1992年"南方谈话"时他更是突出地强调了这个问题。1993年3月，江泽民在十四届二中全会上谈道："地区之间发展差距要适度。如果长时间里，只是一部分地区一部分人富，大部分地区大部分人富不起来，那就不是社会主义了。先发展起来的，要帮助没有发展起来的也发展起来，互相支持，共同发展。这些问题，从现在起就要进行研究。"② 1995年9月在十四届五中全会上，他又指出："应该把缩小地区差距作为一条长期坚持的重要方针。""解决地区发展差距，坚持区域经济协调发展，是今后改革和发展的一项战略任务。"③ 这次全会正式确定实施促进区域经济协调发展战略，并提出引导地区经济协调发展，形成若干各具特色的经济区域，促进全国经济布局合理化，是逐步缩小地区发展差距，最终实现共同富裕，保持社会稳定的重要条件，也是体现社会

---

① 《江泽民文选》第1卷，人民出版社2006年版，第532页。
② 江泽民：《论社会主义市场经济》，中央文献出版社2006年版，第45页。
③ 《江泽民文选》第1卷，人民出版社2006年版，第466页。

主义本质的重要方面。

90年代中后期，实行西部大开发的战略设想逐步成型。1999年3月3日，全国两会召开前夕，江泽民提出："西部地区迟早是要大开发的，不开发，我们怎么实现全国的现代化？中国怎么能成为经济强国？""实施西部地区大开发，是全国发展的一个大战略、大思路。"①随后，当时的国家计委相继召开4次座谈会，分别听取部门、地方、专家对西部大开发的意见和建议，围绕必要性和可行性，就目标、任务、方式、政策进行探讨。

当年6月17日，江泽民在西安召开的西北五省区国有企业改革和发展座谈会上系统阐述了西部大开发的战略构想。他提出："没有西部地区的稳定就没有全国的稳定，没有西部地区的小康就没有全国的小康，没有西部地区的现代化就不能说实现了全国的现代化。""我们要下决心通过几十年乃至整个下世纪的艰苦努力，建设一个经济繁荣、社会进步、生活安定、民族团结、山川秀美的西部地区。"②9月，在党的十五届四中全会上，实施西部大开发战略写入《关于国有企业改革和发展若干重大问题的决定》。

2000年1月13日，迎着新世纪的曙光，党中央、国务院印发《关于转发国家发展计划委员会〈关于实施西部大开发战略初步设想的汇报〉的通知》，作为指导西部大开发的纲领性文

---

① 《江泽民文选》第2卷，人民出版社2006年版，第341页。
② 《江泽民文选》第2卷，人民出版社2006年版，第344、346页。

件。16日，国务院印发《关于成立国务院西部地区开发领导小组的决定》。19日，国务院在京召开西部地区开发会议，研究加快西部地区发展的基本思路和战略任务。7月26日，国务院召开中西部地区退耕还林还草试点工作座谈会。10月26日，国务院下发《关于实施西部大开发若干政策措施的通知》。此后，西气东输、西电东送、青藏铁路等一批西部大开发标志性工程陆续开工建设。国家还全面加大了对西部经济社会发展的支持力度。2000年至2002年，西部地区国内生产总值分别增长8.5%、8.7%和9.9%，比1999年的7.2%明显加快，与全国各地平均增长速度的差距由1999年的1.5个百分点，缩小为2002年的0.6个百分点。固定资产投资年均增长18.8%，比全国平均水平高出近6个百分点。广大的西部地区也搭上了小康社会建设的快车。

也是在新世纪刚刚来临之际，2000年2月，江泽民来到中国改革开放的前沿广东省视察。25日，他在广州市党建工作座谈会上第一次明确完整地提出"三个代表"重要思想。他"总结我们党七十多年的历史"，"得出一个重要结论"，"这就是：我们党所以赢得人民的拥护，是因为我们党在革命、建设、改革的各个历史时期，总是代表着中国先进生产力的发展要求，代表着中国先进文化的前进方向，代表着中国最广大人民的根本利益，并通过制定正确的路线方针政策，为实现国家和人民的根本利益而不懈奋斗。"[①]提出按照"三个代表"的要求，全面加强和改进党的建设，是经过长期思考的，与党的第

[①] 《江泽民文选》第3卷，人民出版社2006年版，第4页。

三代中央领导集体十余年来的执政经历密切相关，是这一历史时期我们党路线、方针、政策的集中体现。

三个月后，5月14日，江泽民在上海主持召开江苏、浙江、上海党建工作座谈会，提出"始终做到'三个代表'是我们党的立党之本、执政之基、力量之源"①。"三个代表"重要思想是以执政党建设为重点，以推进中国特色社会主义经济、政治、文化建设和社会全面发展为基本内容，以实现中华民族的伟大复兴和社会主义现代化为目标，全面体现党的基本理论、基本路线、基本纲领和基本经验的科学理论，对于进入新世纪后我们党领导全国各族人民从全面建设小康社会到全面建成小康社会，对改革开放和现代化建设，尤其对推进党的建设新的伟大工程具有重要的指导意义。

1999年9月22日，党的十五届四中全会指出："新中国成立五十年来特别是改革开放以来，我们党领导各族人民不懈奋斗，使我国由一个贫穷落后的农业国，发展成为即将进入小康社会、向工业化和现代化目标大步迈进的社会主义国家。这是中华民族发展进程中一次伟大的历史性跨越。"②经过全党全国人民的共同努力，在世纪之交，中国的经济建设、综合国力和人民生活达到了一个前所未有的水平。2000年，我国国内生产总值达到8.9万亿元，按现行汇率计算，突破1万亿美元。人均国内生产总值超过850美元。依据国家统计局等单位制定的小康

---

① 《江泽民文选》第3卷，人民出版社2006年版，第15页。
② 《中国共产党第十五届中央委员会第四次全体会议公报》（1999年9月22日），《人民日报》1999年9月23日。

水平指标，用综合评分方法对16个指标进行测算，2000年小康实现程度为96%。其中，有三个指标没有达到小康标准，即：农民人均纯收入为1066元，实现程度为85%；人均蛋白质日摄入量为75克，实现程度为90%；农村初级卫生保健基本合格县比重实现程度为80%。分地区来看，东部基本实现，中部实现程度为78%，西部实现程度为56%。①根据测算结果，中国向全世界郑重宣布："我们已经实现了现代化建设的前两步战略目标，经济和社会全面发展，人民生活总体上达到了小康水平，开始实施第三步战略部署。"②

一个12亿多人口的发展中大国，人民生活总体上达到了小康水平，这是中华五千年文明史上从未达到的一个新的高度。这是一个辉煌的成就，也是一个崭新的起点。早在1997年的9月，党的十五大报告中已经指出："在中国这样一个十多亿人口的国度里，进入和建设小康社会，是一件有伟大意义的事情。这将为国家长治久安打下新的基础，为更加有力地推动社会主义现代化创造新的起点。"③20世纪末总体小康水平的达到，用事实证明了20年前选择的这条以"小康"目标为引导的发展道路的正确性，"这是中华民族发展史上一个新的里程碑"④，也是这条中国特色社会主义现代化道路上的重要里程碑。

---

① 《人民日报》2002年11月18日。
② 《中共中央关于制定国民经济和社会发展第十个五年计划的建议》，人民出版社2000年版，第17页。
③ 《江泽民文选》第2卷，人民出版社2006年版，第47页。
④ 《中共中央关于制定国民经济和社会发展第十个五年计划的建议》，人民出版社2000年版，第10页。

第四章

全面小康社会的建设

开创新世纪的新局面，怎样应对严峻的挑战？

1. 全面建设小康社会新目标的提出

在总体达到小康水平的新的历史起点，进入新世纪的中国需要认真总结数十年来的深刻教训和成功经验，继续慎重考虑自己的发展方向和前进道路。

"小康"曾经是凝聚党和人民的重要目标，并且圆满地完成了历史使命。那么，在总体上实现小康之后，应该确定一个什么样的新的万众一心的宏观目标呢？应该怎样定性小康社会建设的新阶段呢？2000年6月，江泽民在全国党校工作会议上的讲话中指出："我们要在胜利完成第二步战略目标的基础上，开始实施第三步战略目标，全面建设小康社会并继续向现代化目标迈进。"[①]在这里，江泽民提出了全面建设小康社会的目标。2000年10月，十五届五中全会正式宣布："从新世纪开始，我国将进入全面建设小康社会，加快推进社会主义现代化的新的发展阶段。"[②]

---

① 江泽民：《论党的建设》，中央文献出版社2001年版，第419页。
② 《十五大以来重要文献选编》（中），中央文献出版社2011年版，第487页。

在总体上实现小康后还要进一步提出全面建设小康社会的目标，其最根本的原因是，我国还只是刚刚跨入小康社会的大门，所达到的小康，是低水平的、不全面的、发展很不平衡的小康。这主要表现在：

我国生产力和科技、教育还比较落后，实现工业化和现代化还有很长的路要走。2000年我国人均GDP为856美元，相当于当年世界排名第一的挪威的2.29%；排名第二的日本的2.32%；排名第三的美国的2.44%；排名第四的瑞士的2.49%。还属于中下收入水平的国家。

城乡二元经济结构没有改变。发达国家的农村人口在全国人口总数中只占百分之几，而我国农村人口在全国人口中的比重仍近70%。城乡之间、东部与中西部地区之间经济社会发展差距扩大的趋势尚未扭转。我国西部12个省、市、自治区的面积占全国的71%，人口占28%，而国内生产总值只占全国的18.5%。贫困人口还为数不少。

人口总量继续增加，老龄人口比重上升，就业和社会保障压力增大。每年新增的适龄劳动人数不低于1000万，城市中的下岗职工和失业人数有1400万，农村中需要转移的剩余劳动力约1.5亿人。

生态环境、自然资源与经济社会发展的矛盾日益突出。耕地、水、矿产和森林等基本生存资源，人均占有量都不及世界平均水平的一半。土地荒漠化和水资源不足的问题越来越明显。

我国仍面临发达国家在经济科技等方面占优势的巨大压

力。经济体制和其他方面的管理体制还不完善。民主法制建设和思想道德建设等方面还存在一些不容忽视的问题。所有这些，决定了巩固和提高目前达到的小康水平，还需要进行长时期的艰苦奋斗。

全面建设小康社会的阶段，应该需要多长的时间呢？

2002年1月，在十六大文件起草组会议上，江泽民提出："不少同志在讨论中提出，从现在起到本世纪中叶基本实现现代化这五十年，时间跨度比较大，能否划出一段时间，提出一个鲜明的阶段性目标，也就是以本世纪头二十年为期，明确提出全面建设小康社会的目标。我认真考虑了大家的意见，认为基本是可行的。""从全国来看，实现全面建设小康社会的目标，时间大体定为二十年是适当的。"①

20年是个什么概念？为什么要定为20年时间？

江泽民指出："对我国来说，二十一世纪头二十年是必须紧紧抓住并且可以大有作为的战略机遇期，是我国经济体制、政治体制、文化体制进一步完善的重要时期，总之，是我们实现祖国富强、人民富裕和民族复兴的关键时期。"②

2002年11月，党的十六大正式确立了全面建设小康社会的奋斗目标和历史阶段。十六大报告明确提出："当人类社会跨入二十一世纪的时候，我国进入全面建设小康社会、加快推进社会主义现代化的新的发展阶段。"③

---

① 《江泽民文选》第3卷，人民出版社2006年版，第414、416页。
② 《江泽民文选》第3卷，人民出版社2006年版，第413页。
③ 《江泽民文选》第3卷，人民出版社2006年版，第528页。

江泽民在报告中指出:"我们要在本世纪头二十年,集中力量,全面建设惠及十几亿人口的更高水平的小康社会,使经济更加发展、民主更加健全、科教更加进步、文化更加繁荣、社会更加和谐、人民生活更加殷实。这是实现现代化建设第三步战略目标必经的承上启下的发展阶段,也是完善社会主义市场经济体制和扩大对外开放的关键阶段。经过这个阶段的建设,再继续奋斗几十年,到本世纪中叶基本实现现代化,把我国建成富强民主文明的社会主义国家。"①

报告还提出了全面建设小康社会的任务和要求:

——在优化结构和提高效益的基础上,国内生产总值到2020年力争比2000年翻两番,综合国力和国际竞争力明显增强。基本实现工业化,建成完善的社会主义市场经济体制和更具活力、更加开放的经济体系。城镇人口的比重较大幅度提高,工农差别、城乡差别和地区差别扩大的趋势逐步扭转。社会保障体系比较健全,社会就业比较充分,家庭财产普遍增加,人民过上更加富足的生活。

——社会主义民主更加完善,社会主义法制更加完备,依法治国基本方略得到全面落实,人民的政治、经济和文化权益得到切实尊重和保障。基层民主更加健全,社会秩序良好,人民安居乐业。

——全民族的思想道德素质、科学文化素质和健康素质明显提高,形成比较完善的国民教育体系、科技和文化创新体

---

① 《江泽民文选》第3卷,人民出版社2006年版,第543页。

系、全民健身和医疗卫生体系。人民享有接受良好教育的机会，基本普及高中阶段教育，消除文盲。形成全民学习、终身学习的学习型社会，促进人的全面发展。

——可持续发展能力不断增强，生态环境得到改善，资源利用效率显著提高，促进人与自然的和谐，推动整个社会走上生产发展、生活富裕、生态良好的文明发展道路。

十六大确立的全面建设小康社会的目标，是中国特色社会主义经济、政治、文化全面发展的目标，是物质文明、政治文明、精神文明协调发展的目标，是与加快推进现代化相统一的目标。江泽民指出："全面建设小康社会，最根本的是坚持以经济建设为中心，不断解放和发展社会生产力。"①"发展社会主义民主政治，建设社会主义政治文明，是全面建设小康社会的重要目标。"②"全面建设小康社会，必须大力发展社会主义文化，建设社会主义精神文明。"③江泽民在报告中第一次提出了政治文明的概念，并且把促进物质文明、政治文明、精神文明的协调发展，作为全面建设小康社会的总体性任务提了出来。他指出："全面建设小康社会，开创中国特色社会主义事业新局面，就是要在中国共产党的坚强领导下，发展社会主义市场经济、社会主义民主政治和社会主义先进文化，不断促进社会主义物质文明、政治文明和精神文明的协调发展，推进中

---

① 《江泽民文选》第3卷，人民出版社2006年版，第544页。
② 《江泽民文选》第3卷，人民出版社2006年版，第553页。
③ 《江泽民文选》第3卷，人民出版社2006年版，第558页。

华民族的伟大复兴。"①十六大报告还第一次把"社会更加和谐"同"经济更加发展、民主更加健全、科教更加进步、文化更加繁荣、人民生活更加殷实"一起，作为全面建设小康社会的奋斗目标，为2005年提出社会主义现代化建设"政治建设、经济建设、文化建设、社会建设"四位一体的总体布局作了直接的铺垫。

提出全面建设小康社会的新目标和确定到2020年全面建设小康社会的具体任务及要求，是党中央在新世纪开启阶段对小康社会理论的重要丰富与发展，使中国的现代化道路得到大幅的拓展。

---

① 《江泽民文选》第3卷，人民出版社2006年版，第574页。

2. 抗击"非典"与科学发展

党的十六大之后,以胡锦涛为总书记的党中央,站在中国经济发展实现总体小康的新的起点,继续坚持科学认识社会主义初级阶段,清醒认识我国社会主义初级阶段的基本国情,并在和平与发展的时代主题下,准确把握中国发展所呈现出的阶段性特征,科学判断国际政治经济发展趋势,在社会转型矛盾凸显和世界性危机浮现的复杂背景下,深刻剖析时代潮流的新趋势、新特点,坚持马克思主义发展观的基本原理与新世纪我国发展的具体问题相结合,在全面建设小康社会的新的实践中,不断推进创新和发展,尤其是创新发展理念、转变发展方式,使中国的现代化道路拓得更宽、行得更远。

进入新世纪,世界经济一体化的快速发展,世界各国综合国力竞争日趋激烈,而在我国内部,随着经济体制深刻变革、社会结构深刻变动、利益格局深刻调整、思想观念深刻变化,我国经济社会发展呈现出一些新的阶段性特征。2003年,我国人均国内生产总值突破1000美元,进入了国际上通常所说的既是"发展机遇期",又是"矛盾凸显期"的工业化关键时期。

准确认识和切实解决我国在这一历史时期的突出问题和矛盾，是我们党面临的重大课题，时代呼吁着理论创新。而"非典"疫情的暴发，集中暴露出我国经济社会发展中存在的薄弱环节和突出问题。党中央领导全国人民开展抗击"非典"斗争，加速了发展新思路的探索进程。

2003年初，是全面小康社会建设全面启动的第一年，我国经济社会发展的开局很好。然而，天有不测风云。正当全国人民为实现全面建设小康社会的目标而奋斗的时候，我国遭遇了一场突如其来的非典型肺炎疫病灾害。

这次非典型肺炎疫情的发生和蔓延，暴露出我国在处置重大突发公共卫生事件方面机制不健全，特别是在疫情初发阶段，组织指挥不统一，信息渠道不畅通，应急准备不充分。为有效预防、及时控制和消除突发公共卫生事件的危害，迫切需要建立统一、高效、权威的突发公共卫生事件应急处理机制，完善相应的法律法规。5月7日，国务院第7次常务会议通过《突发公共卫生事件应急条例》（以下简称《条例》），与已有的《传染病防治法》共同成为抗击非典型肺炎的法律武器。《条例》第25条还明确规定：国家建立突发事件的信息发布制度。

在这场抗击"非典"的斗争中，国家领导人深入防治工作第一线，身先士卒，指导工作，坚定了人民群众战胜困难的决心和信心。广大医务工作者用心血、汗水甚至生命挽救患者的生命，立下了不可磨灭的功绩。科研攻关队伍在确定病原体和研制诊断试剂、治疗药物、预防疫苗、防护设备等方面，取得了重要成果。人民群众是抗击"非典"的主力军，群防群控、联防联控,构筑起一道防治疫病的钢铁长城。社会各界和国际社会也提供了巨大的理解、支持和帮助。4月28日下午,胡锦涛在主持中央政治局进行的第四次集体学习时指出,要大力弘扬中华民族精神,充分运用科学技术力量,为防治非典型肺炎斗争提供强大精神动力和强大科技支持,坚决打赢防治非典型肺炎的攻坚战。他特别强调:"夺取防治非典型肺炎斗争的胜利,关键要发挥科学技术的重要作用。""实现全面建设小康社会的宏伟目标,要求我们坚持实施科教兴国战略,大力推进科技进步和创新。"①

从5月25日开始,北京的"非典"疫情得到控制,病患数量逐日下降。6月24日下午,在我国卫生部和世界卫生组织联合在北京举行的新闻发布会上,世界卫生组织官员郑重宣布:从即日起解除对北京的旅行警告,并将北京从"近期有当地传播"的"非典"疫区名单中删除。世界卫生组织宣布对北京"双解除",意味着北京防治"非典"的成绩得到了国际社会的充分肯定,标志着中国内地全部被解除了旅行限制并从疫区名单中除名,中国将恢复正常的社会和经济生活秩序。这标志着中国防治"非典"工作取得了阶段性的重大胜利。

在抗击"非典"斗争取得胜利的同时,党中央适时作出坚持一手抓防治"非典"这件大事不放松、一手抓经济建设这个中心不动摇的重大战略决策,发出了万众一心抗"非典",迎难而上促发展,奋力夺取抗击"非典"和促进发展双胜利的号

---

① 新华社2003年4月29日电。

召。

在抗击"非典"斗争最紧张时刻，胡锦涛亲赴疫情严重的广东考察工作。2003年4月15日，他在听取广东省委省政府汇报工作时，针对发展中存在的问题，强调要坚持"全面的发展观"，积极探索加快发展的新路子。

7月28日，胡锦涛在全国防治"非典"工作会议上的讲话中指出："通过抗击'非典'斗争，我们比过去更加深刻地认识到，我国的经济发展和社会发展、城市发展和农村发展还不够协调；公共卫生事业发展滞后，公共卫生体系存在缺陷；突发事件应急机制不健全，处理和管理危机能力不强；一些地方和部门缺乏应对突发事件的准备和能力，极少数党员干部作风不实，在紧急情况下工作不力、举措失当。我们要高度重视存在的问题，采取切实措施加以解决，真正使这次防治'非典'斗争成为我们改进工作、更好地推动事业发展的一个重要契机。"①

发展是硬道理，但发展从来不是仅限于"经济增长"，有其丰富的内涵。但在实际工作中，人们却经常把发展简单地理解为经济增长，在推动经济增长时往往又更注重数量、速度而忽视质量、效益。重申发展的丰富内涵，对科学回答"实现什么样的发展、怎样发展"这个重大理论和实际问题至关重要。这表明，一种新的发展理念在应对危机的过程中呼之欲出。胡锦涛在这次讲话中谈道："促进经济社会协调发展，是建设中

---

① 《十六大以来重要文献选编》（上），中央文献出版社2011年版，第395页。

国特色社会主义的必然要求，也是全面建设小康社会的必然要求。"①他进一步提出："我们讲发展是党执政兴国的第一要务，这里的发展绝不只是指经济增长，而是要坚持以经济建设为中心，在经济发展的基础上实现社会全面发展。我们要更好地坚持全面发展、协调发展、可持续发展的发展观，更加自觉地坚持推动社会主义物质文明、政治文明和精神文明协调发展，坚持在经济社会发展的基础上促进人的全面发展，坚持促进人与自然的和谐。"②这是他第一次使用"全面发展、协调发展、可持续发展的发展观"这一表述。

8月底到9月初，胡锦涛在江西围绕"建成完善的社会主义市场经济体制"问题进行考察调研。"建成完善的社会主义市场经济体制"是党的十六大提出的全面建设小康社会奋斗目标的重要内容之一，而定于2003年召开的党的十六届三中全会将会对这一问题作出重点研究部署。在江西调研期间，胡锦涛结合已有的思考，将探索中的新发展思路明确表述为"科学发展观"，他指出："要牢固树立协调发展、全面发展、可持续发展的科学发展观，积极探索符合实际的发展新路子，进一步完善社会主义市场经济体制"，"把加大结构调整力度同培育新的经济增长点结合起来，把推进城市发展和推进农村发展结合起来，把发挥科学技术的作用和发挥人力资源的优势结合起

---

① 《十六大以来重要文献选编》（上），中央文献出版社2011年版，第396页。
② 《十六大以来重要文献选编》（上），中央文献出版社2011年版，第396—397页。

来,把发展经济和保护资源环境结合起来,把对外开放和对内开放结合起来","努力走出一条生产发展、生活富裕、生态良好的文明发展道路"①。这是他首次提出"科学发展观"这一概念。

10月,党的十六届三中全会召开。14日,胡锦涛在第二次全体会议上讲话提出:"树立和落实全面发展、协调发展、可持续发展的科学发展观,对于我们更好坚持发展才是硬道理的战略思想具有重大意义。树立和落实科学发展观,这是二十多年改革开放实践的经验总结,是战胜'非典'疫情给我们的重要启示,也是推进全面建设小康社会的迫切要求。"②他还进一步指出:"树立和落实科学发展观,十分重要的一环就是要正确处理增长数量和质量、速度和效益的关系。增长是发展的基础,没有经济数量增长,没有物质财富积累,就谈不上发展。但是,增长并不简单等同于发展,如果单纯扩大数量,单纯追求速度,而不重视质量和效益,不重视经济、政治、文化协调发展,不重视人与自然的和谐,就会出现增长失调、从而最终制约发展的局面。忽视社会主义民主法制建设,忽视社会主义精神文明建设,忽视各项社会事业发展,忽视资源环境保护,经济建设是难以搞上去的,即使一时搞上去了最终也可能要付出沉重代价。"③

在这次会议上审议通过的《关于完善社会主义市场经济体

---

① 《人民日报》2003年9月2日。
② 《胡锦涛文选》第2卷,人民出版社2016年版,第104页。
③ 《胡锦涛文选》第2卷,人民出版社2016年版,第105页。

制若干问题的决定》，第一次在党的正式文件中完整地提出了科学发展观，即"坚持以人为本，树立全面、协调、可持续的发展观"，同时还针对我国发展在城乡、区域、经济与社会、人与自然、国内发展与对外开放五个方面存在的突出矛盾，提出了"五个统筹"的要求。这次会议的一个重要进展是把"以人为本"与"全面、协调、可持续的发展"统一起来，使科学发展的理念得到充实和提升。将"以人为本"作为经济社会发展的长远指导方针和实际工作中必须坚持的重要原则，体现了马克思主义的基本立场观点，体现了我们党的性质和宗旨、党的执政理念和内在要求，并让科学发展观具有更鲜明的人民性、科学性和时代性。党的十六届三中全会标志着科学发展观作为一个重大战略思想已经初步形成。

2004年3月10日，胡锦涛在中央人口资源环境座谈会上阐释了科学发展观的深刻内涵和基本要求："坚持以人为本，就是要以实现人的全面发展为目标，从人民群众的根本利益出发谋发展、促发展，不断满足人民群众日益增长的物质文化需要，切实保障人民群众的经济、政治和文化权益，让发展的成果惠及全体人民。全面发展，就是要以经济建设为中心，全面推进经济、政治、文化建设，实现经济发展和社会全面进步。协调发展，就是要统筹城乡发展、统筹区域发展、统筹经济社会发展、统筹人与自然和谐发展、统筹国内发展和对外开放，推进生产力和生产关系、经济基础和上层建筑相协调，推进经济、政治、文化建设的各个环节、各个方面相协调。可持续发展，就是要促进人与自然的和谐，实现经济发展和人口、资源、环境相协调，坚持走生产发展、生活富裕、生态良好的文明发展道路，保证一代接一代地永续发展。"①

胡锦涛的这些关键论述对科学发展观作出了明确阐释和科学界定，使之具有了比较完备的理论形态，成为实际工作的评价标准，并且提出了"凡是符合科学发展观的事情就全力以赴地去做，不符合的就毫不迟疑地去改，真正使促进发展的各项工作都经得起历史和人民的检验"的明确要求。树立和落实科学发展观，这是20多年改革开放实践的经验总结，是战胜"非典"疫情的重要启示，是推进全面建设小康社会的迫切要求，也是中国现代化道路上的一个关键阶段的关键选择。如胡锦涛指出的："我们提出科学发展观，就是为了更好地解决改革发展关键时期遇到的各种问题，确保我国经济社会协调发展，确保党和人民的事业继续沿着正确的道路前进。"②

---

① 《十六大以来重要文献选编》（上），中央文献出版社2011年版，第850页。

② 《十六大以来重要文献选编》（中），中央文献出版社2011年版，第309页。

3. 建设社会主义和谐社会

在我国贯彻落实科学发展观，大力推进全面小康社会和社会主义现代化建设，实现国民经济快速增长的同时，我们在社会建设领域的指导思想也取得长足的进展。

进入新世纪，我国工业化、城镇化步伐大大加快，人民生活水平有了大幅提高。但分配格局中，收入差距扩大等原有矛盾进一步发展，无地失地农民生活困难等新矛盾不断产生。2003年，我国人均国内生产总值突破1000美元，跨上了一个重要台阶。面对如此重大的成就，党中央清醒地认识到：一些国家和地区发展历程表明，在人均国内生产总值突破1000美元之后，经济社会就进入了一个关键的发展阶段。在这个阶段，既有因为举措得当从而促进经济快速发展和社会平稳进步的成功经验，也有因为应对失误从而导致经济徘徊不前和社会长期动荡的失败教训。

据世界银行的报告，这一时期中国社会的基尼系数已扩大至0.458。中国是世界上基尼系数增长最快的国家之一。中国国家统计局披露，2005年内地最富裕的10%人口占有了全国财富的45%，而最贫穷的10%的人口所占有的财富仅为1.4%。财政部官员也曾透露，银行60%的存款掌握在10%的储户手里。这些都显示出中国贫富不均的严重程度。另一方面，国家具有了解决社会公平问题的一定条件和初步手段，人民群众对于共享发展成果有了更多期待。邓小平在改革开放之初就提出的共同富裕问题，此时出现了新的阶段性特点。胡锦涛提出科学发展观，强调以人为本，全面协调可持续发展，大大扩展了"共同富裕"的内涵。

经过深入的思考，2004年5月5日，胡锦涛在江苏省考察工作时对我国经济社会发展的阶段性特征首次进行阐述，并作出了我国改革发展进入一个关键时期的关键性判断。而要应对这样一个关键时期的挑战，很重要的一点就是要在发展经济的同时，统筹协调处理好各方利益和社会矛盾，为生产力的发展提供一个稳定的社会政治环境。因此，同年9月召开的十六届四中全会，着眼于实现我国经济社会协调发展、党和国家长治久安，首次提出了构建社会主义和谐社会的重大战略任务，对推进社会管理体制创新作出部署。这是首次将此前进行的有关社会建设和社会管理方面的工作，整合成"社会建设"这一全新概念，与中国特色社会主义经济、政治、文化建设相并列成为社会主义现代化建设的一项重要内容。提出"和谐社会"和"社会建设"这两个概念，是2004年我们党实现的重要理论创新。

党的十四大之后，我们党开启了一种新的高级干部培训方式，这就是根据国内外新形势新任务的需要，围绕一个时期重大理论和实践问题而举办的省部级主要领导干部专题研讨班。2005

年2月19日，胡锦涛在省部级主要领导干部提高构建社会主义和谐社会能力专题研讨班上发表讲话，第一次全面系统地深刻阐明了构建社会主义和谐社会的科学内涵，他明确提出社会主义和谐社会的基本特征："我们所要建设的社会主义和谐社会，应该是民主法治、公平正义、诚信友爱、充满活力、安定有序、人与自然和谐相处的社会。"① 两天后，他在主持中共中央政治局第20次集体学习时进一步要求"我们必须提高管理社会事务的本领、协调利益关系的本领、处理人民内部矛盾的本领、维护社会稳定的本领。要适应社会主义市场经济发展和社会结构深刻变化的新情况，深入研究社会管理规律，更新社会管理观念，推进社会建设和管理的改革创新，尽快形成适应我国社会发展要求和人民群众愿望、更加有效的社会管理体制"②。

同年10月，党的十六届五中全会上，以"十一五"规划的制定为重要契机，构建社会主义和谐社会被纳入我国经济社会发展五年规划的总体部署。全会通过的《关于制定国民经济和社会发展第十一个五年规划的建议》以"推进社会主义和谐社会建设"这样专门的一个章节，分别从7个方面："积极促进社会和谐""千方百计扩大就业""加快完善社会保障体系""合理调节收入分配""丰富人民群众精神文化生活""提高人民群众健康水平"和"保障人民群众生命财产安全"，对"十一五"时期推进社会主义和谐社会建设作出全面

---

① 胡锦涛：《在省部级主要领导干部提高构建社会主义和谐社会能力专题研讨班上的讲话》，人民出版社2005年版，第14页。

② 《人民日报》2005年2月23日。

部署，突出重点解决好人民群众最关心的就业、社会保障、扶贫、教育、医疗、环保和安全等问题。建设和谐社会这一重大战略任务进入全面推进阶段。

以此为统领，一段时间内，我国先后出台《国家突发公共事件总体应急预案》《国务院关于大力发展职业教育的决定》《国务院关于进一步加强就业再就业工作的通知》《国务院关于解决农民工问题的若干意见》《国务院关于加强和改进社区服务工作的意见》以及深化医药卫生体制改革，建设城市社区卫生服务体系，制定实施农村卫生服务体系建设和发展规划，扩大新型农村合作医疗制度试点范围，加大对食品药品监督和管理的力度，推进食品药品监督管理系统基础设施建设等涉及教育、就业、收入分配、社会保障、医疗卫生和社会管理的一系列重要举措的陆续出台，社会建设与经济建设、政治建设、文化建设四位一体的总体格局，在实践中得以逐步贯彻，协调推进。

2005年，胡锦涛在中纪委第五次全会讲话中，提出"妥善处理效率和公平的关系，更加注重社会公平"的分配指导思想。2006年的十六届六中全会上，胡锦涛强调，要从"大社会"着眼，又要从"小社会"着手，"以解决人民群众最关心、最直接、最现实的利益问题为重点，着力发展社会事业、促进社会公平正义、建设和谐文化、完善社会管理、增强社会创造活力，走共同富裕道路"①。全会通过的《关于构建社会

---

① 《中共中央关于构建社会主义和谐社会若干重大问题的决定》，人民出版社2006年版，第5页。

主义和谐社会若干重大问题的决定》，进一步阐述了收入分配制度改革的基本原则："坚持按劳分配为主体、多种分配方式并存的分配制度，加强收入分配宏观调节，在经济发展的基础上，更加注重社会公平，着力提高低收入者收入水平，逐步扩大中等收入者比重，有效调节过高收入，坚决取缔非法收入，促进共同富裕。"①

"更加注重社会公平"，体现在保障和改善民生的社会事业得到了很大发展。

根据"多予、少取、放活"的方针，财政支农力度大，免除农业税，建设社会主义新农村，农村面貌发生很大改变。2007年、2008年先后全部免除农村和城市义务教育阶段学杂费。全国农村全面建立最低生活保障制度，参加新型农村合作医疗农民达七亿三千万人。覆盖城乡、功能比较齐全的疾病预防控制和应急医疗救治体系基本建成。经济适用房、廉租房、限价房让许多低收入家庭住进新房。社会保障的覆盖面迅速扩大。在席卷全球的金融风波中，"惠民生"也是应对之道。家电以旧换新、灾区房屋重建、保障性住房等，都让群众享受到实惠。

建设和谐社会，成为共同富裕的重要实现途径之一。

小康社会的不懈努力，社会财富"蛋糕"越做越大，可分配的社会资源越来越多。能不能公平公正地分配，发展成果由全体人民共享，关系到未来发展，关系到社会和谐稳定。而贫

---

① 《中共中央关于构建社会主义和谐社会若干重大问题的决定》，人民出版社2006年版，第19页。

富分化扩大，住房难、看病难、上学难、养老难，都在提示人们，实现共同富裕还面临着艰巨的任务，还有许多难题需要进一步探索解决之道。

在经济和社会发展基础上，发展社会保障等各项社会事业，是让广大群众共享发展成果、缩小分配差距的重大环节。社会保障制度欠公平，是造成收入分配差距扩大的重要原因。客观而论，我国现阶段收入分配领域中利益失衡格局的形成，是多种原因综合影响的结果，也是多年以来重财富增长轻财富分配、重鼓励部分人先富轻促进全民共享的结果。

相当长的时期里，我国社会保障存在4个空白点或薄弱环节：一是城镇非就业的老年居民没有基本的养老保障制度；二是国家机关和事业单位仍实行单位退休养老制度，没有社会化；三是各项社会保障制度之间还缺乏顺畅衔接的机制；四是补充性的社会保障制度发展相对缓慢，不能满足群众多层次、多样化的需求。尽快健全社会保障制度，是经济社会可持续发展的必要基础。在完善社会保障体系的诸多任务中，要把尽快弥补制度缺失作为优先目标。因为相对于其他矛盾，一部分社会群体没有基本保障的制度安排是最大的不公平。

实现共同富裕是一个长期的历史过程，在刚刚富起来的中国还只能是破题。但党的一切工作都是为了造福人民，全面建设惠及十几亿人口的更高水平的小康社会，就是要不断地改善民生，使十几亿人过上更高标准的小康生活。以胡锦涛为总书记的党中央坚持以改善民生作为重点和着力点，积极全面地推进社会建设。

着力解决就业问题。就业是民生之本。我国是世界上人口最多的国家，解决就业问题是长期的艰巨的任务。党中央特别重视解决企业下岗职工再就业和大专院校毕业生就业难的问题，并且实施积极的就业政策，采取了一系列有效的措施和办法。2005年6月，中央办公厅、国务院办公厅印发了《关于引导和鼓励高校毕业生面向基层就业的意见》，提出建立与社会主义市场经济体制相适应的高校毕业生面向基层就业的长效机制，引导广大高校毕业生面向基层、面向西部就业，为解决大专院校毕业生就业问题提供了新的思路。2007年8月，十届全国人大第29次会议通过《中华人民共和国就业促进法》，确立了"坚持劳动者自主择业、市场调节就业、政府促进就业"的基本方针，为劳动者多样化就业方式提供了法制依据，使就业工作进入一个法制化、制度化的新阶段。

加大扶贫帮困的力度。由于长期以来存在的经济社会发展不平衡的问题，也由于体制转轨不断深化，城乡之间、行业之间、地区之间收入差距不断拉大，社会上不可避免地出现了生活困难的群体。而随着人民生活水平总体实现小康，对生活困难群体的救济和保障，成为改善民生的一个突出任务。十六大以来，党中央在努力促进社会就业的同时，加快部署了面向困难群体的社会保障的工作，并采取各种政策措施，为下岗失业人员、破产关闭企业职工、困难企业离退休人员和城乡贫困人口排忧解难。在农村，加大了对没有解决温饱问题的贫困人口的扶持力度，并坚持开发式扶贫的方针，增强贫困地区自我发展的能力。

着力解决"三难"问题，即部分群众"上学难、看病难、住房难"的问题。这些问题总的说是由社会事业总体发展水平不高、各种资源分配不平衡及体制机制不健全等诸多原因造成的。2006年10月，十六届六中全会强调加强经济社会协调发展，加强社会事业建设，对关系人民群众切身利益的教育、医疗、住房等问题提出了具体的政策措施。2007年起，中国免除了所有城乡孩子义务教育阶段的学杂费，并且建立起了从学前教育到研究生教育、较为完善的家庭经济困难学生资助体系，保证了每一个孩子接受教育的权利。2007年8月，国务院颁发《关于解决城市低收入家庭住房困难的若干意见》，确定进一步建立健全城市廉租住房制度，力争到"十一五"期末使低收入家庭住房条件得到明显改善的目标。2007年7月，国务院发出《关于开展城镇居民基本医疗保险试点的指导意见》，决定从当年起开展城镇居民基本医疗保险试点。2009年4月，中央发布《关于深化医药卫生体制改革的意见》，新医改仅前3年中国政府就累计投入1.1万亿元，初步建立了覆盖13亿城乡居民的基本医疗卫生制度框架，编织起了世界最大规模的基本医保网络。2009年起，新型农村社会养老保险试点在全国逐步开展，两年后，城镇养老保险试点工作也开始实施。至2012年7月1日，我国基本实现社会养老保险制度全覆盖。①几千年来中国人"老有所养"的愿望逐步成为现实。

在党的十七大上，胡锦涛提出："必须在经济发展的基础

---

① 《改革开放四十年大事记》，人民出版社2018年版，第80页。

上，更加注重社会建设，着力保障和改善民生，推进社会体制改革，扩大公共服务，完善社会管理，促进社会公平正义，努力使全体人民学有所教、劳有所得、病有所医、老有所养、住有所居，推动建设和谐社会。"[1]随着我国经济总量的不断攀升，需要建立健全缩小收入分配差距、促进社会共同富裕的分配制度。十七大报告对深化收入分配制度改革提出了新的原则，明确指出："初次分配和再分配都要处理好效率和公平的关系，再分配更加注重公平。逐步提高居民收入在国民收入分配中的比重，提高劳动报酬在初次分配中的比重……整顿分配秩序，逐步扭转收入分配差距扩大趋势。"[2]

  中央顺应各族人民过上更好生活的新期待，坚持科学发展观和以人为本的执政理念，注重解决人民最关心、最直接、最现实的利益问题，动员广大人民群众以更加饱满的热情为全面建设小康社会而团结奋斗。

---

[1] 《十七大以来重要文献选编》（上），中央文献出版社2011年，第29页。

[2] 《十七大以来重要文献选编》（上），中央文献出版社2011年，第30页。

4. 生态文明建设

在不断战胜危机、贯彻落实科学发展观的过程中，在全面建设小康社会新的实践中，党中央对全面建设小康社会和现代化道路的认识也得到全面的升华。

2007年10月，在党的十七大上，胡锦涛阐述全面建设小康社会的整体目标："到二〇二〇年全面建设小康社会目标实现之时，我们这个历史悠久的文明古国和发展中社会主义大国，将成为工业化基本实现、综合国力显著增强、国内市场总体规模位居世界前列的国家，成为人民富裕程度普遍提高、生活质量明显改善、生态环境良好的国家，成为人民享有更加充分民主权利、具有更高文明素质和精神追求的国家，成为各方面制度更加完善、社会更加充满活力而又安定团结的国家，成为对外更加开放、更加具有亲和力、为人类文明作出更大贡献的国家。"①这五个"成为"，是对全面建设小康社会的整体目标富于时代精神的概括，对全面建设小康社会提出了五个方面的新

---

① 《十七大以来重要文献选编》（上），中央文献出版社2011年版，第16页。

目标、新要求：一是"增强发展协调性，努力实现经济又好又快发展"；二是"要扩大社会主义民主，更好保障人民权益和社会公平正义"；三是"加强文化建设，明显提高全民族文明素质"；四是"加快发展社会事业，全面改善人民生活"；五是"建设生态文明，基本形成节约能源资源和保护生态环境的产业结构、增长方式、消费模式"。①

特别是，胡锦涛突出强调发展要以"优化结构、提高效益、降低消耗、保护环境"为基础；要显著提高自主创新能力，使科技进步对经济增长的贡献率大幅上升。同时，还第一次提出"建设生态文明"的要求，把生态环境问题提高到人类文明的高度上来认识，并反映了人在解决生态环境问题上的主观能动性。

2008年1月，在中央政治局第3次集体学习会上，胡锦涛对这五个方面的新目标、新要求又作了新的归结。他指出："贯彻落实实现全面建设小康社会奋斗目标的新要求，必须全面推进经济建设、政治建设、文化建设、社会建设以及生态文明建设"②。由此，全面建设小康社会的整体布局从经济建设、政治建设、文化建设、社会建设四个方面明确扩展为五个方面，增加了"生态文明建设"。

在此统领下，始建于1919年，为国家建设和北京市发展作出很大贡献的首都钢铁公司，由于每年固体颗粒物排放达1.8万吨，占北京市工业排放的40%以上，对环境保护造成很大压力。

---

① 《十七大以来重要文献选编》（上），中央文献出版社2011年版，第15—16页。

② 《人民日报》2008年1月31日。

虽然投入大量资金治理污染，但仍难以满足奥运会对环境质量的要求。2005年3月，国务院批准了北京市关于首钢实施压产、搬迁、调整和环境治理方案，决定在河北曹妃甸建设新的大型现代化钢铁企业，同时在北京建设冷轧薄板项目。当年7月7日，有着47年历史的首钢炼铁厂5号高炉已正式熄火，标志着首钢北京地区涉钢系统压产、搬迁工作正式启动。如今，首钢在新厂址重树辉煌，跨地区联合重组，形成3000万吨以上生产能力，产品结构实现向高端板材为主的转变。美国畅销书作家弗里德曼在他的书中指出，工业革命时期的中国沉睡不醒，信息科技革命时期的中国悠悠苏醒。如今的中国试图全面参与绿色革命，而且已经在风力、太阳能、高速铁路、核能建设领域居于世界前列。"置身中国，我现在比任何时候更加确信，当历史学家回顾21世纪头十年的时候，他们会认为最重要的事件不是经济大衰退，而是中国的绿色大跃进。"首钢成为我国第一个由中心城市搬迁调整向沿海发展的钢铁企业，为北京成功举办2008年奥运会作出了重大贡献。而北京奥运会的成功举办，不仅让中华民族的百年梦想照进现实，更是中国对国际社会庄严承诺的成功践行，中国向全世界展示出全新的大国形象。

在全面建设小康社会的艰苦征程中，中国人民展现出更饱满的热情、更自信的姿态和更雄伟的步伐，为全世界所瞩目。2010年，英国广播公司国际台赞助的一项28个国家和地区的民意调查发现，在这段时间里，全球认为中国对国际社会是正面影响力量的人数持续上升。对此，美国的柳素英说："因为中国的社会会影响全世界的社会。"

5. 转变经济发展方式

革命是解放生产力。

1949年新中国的诞生，使东方这片古老的土地焕发了新的生机，面对百废待兴的局面，如何迅速走出战争创伤？如何带领中国人民建设一个现代化的强国？历史的重任压在了刚刚走出战争硝烟，急匆匆"进京赶考"的中国共产党人的肩头。当时，毛泽东急切地说："现在我们能造什么？能造桌子椅子，能造茶碗茶壶，能种粮食，还能磨成面粉，还能造纸，但是，一辆汽车、一架飞机、一辆坦克、一辆拖拉机都不能造。"[①]

鉴于当时的国际国内环境，20世纪50年代，我们确定了社会主义基本经济制度，仿照苏联的经济发展模式，在极其艰难困苦的条件下，初步建成了比较完整的国家工业化体系。这期间，毛泽东发表了《论十大关系》等经济学著作，并提出了"多快好省地建设社会主义"的经济增长方式，为寻找中国式的现代化道路做出了有益的探索。

---

① 《建国以来重要文献选编》第5册，中央文献出版社1993年版，第292页。

1954年，新中国第一架飞机起飞；1956年，新中国第一辆汽车出厂；1963年，大庆年产原油420多万吨，新中国基本实现石油的自给自足；同一年，山西省大寨村的农民战胜百年未遇的洪涝灾害，胜利完成原定的国家征粮任务；1964年，新中国第一颗原子弹爆炸成功；1970年，新中国自行设计、制造的第一颗人造地球卫星开始遨游太空。

"自力更生、艰苦奋斗"，从此成为中国人民的宝贵精神财富。

一个国家的经济发展，是随着经济增长而逐步实现经济进步的历史过程。我们的失误产生于20世纪50年代后期，因为急于改变自己的落后面貌，忽视了客观规律，在经济工作中强调"以钢为纲""以粮为纲"，造成了产业结构的不合理，在指导思想上强调"以阶级斗争为纲"，把经济发展放到了次要的地位，生产关系盲目求纯，发展速度盲目冒进，致使我们的发展道路产生了严重的偏差，以致于付出了"大跃进"和"文化大革命"这样惨痛的代价。

在这短短20年间，西方发达国家经过几次经济调整，现代化程度迈上了几个大的台阶。社会主义的制度优越性，归根到底要表现在社会生产力的发展上，表现在人民物质文化生活的改善上。生产力发展的速度比资本主义慢，那就没有优越性。贫穷不是社会主义，发展太慢也不是社会主义，社会主义的根本任务是发展生产力。邓小平提出的这些新鲜的观点，是我们横下心来一心一意谋发展、搞建设、实行改革开放的理论根据。

以1978年党的十一届三中全会为标志，中国加入了世界现代化进程的快车道，百姓的心声和政府的决策得到高度统一。在这场新的革命中，我们对现代化建设的规律和经济增长方式的认识，在实践中不断得到深化与升华。我们在转变经济发展方式方面开始了积极的探索。

"抓住机遇，加快发展"，是20世纪70年代末到90年代中期中国经济发展的基本导向，是改革开放之初我们对经济增长方式唯一正确的选择。

"发展是硬道理"，这是邓小平的一句名言，是中国改革开放和快速发展的思想支柱。有人曾对这句话提出异议，认为中国经济发展方式病归根结底是长期快速发展引起的。"盲目求快"，是总设计师邓小平老年心态的体现，这无疑是对改革开放的严重误解与偏见。实际上，快速发展是中国现代化建设长期不变的必然选择，这是由中国国情和经济特点决定的，不快是不行的，不持续快速也是不行的。加快发展与抓住机遇是紧密联系在一起，不可分割的。不能把邓小平提出的"抓住机遇，加快发展"与科学发展对立起来，邓小平从来没有盲目求快，恰恰是他率先提出要在快速发展中转变经济增长方式的思想，为小康社会建设的健康发展奠定了基础。

中国经济增长方式的革命性变革，正是从邓小平确定"小康"目标开始的。"小康"目标以前，我们的经济发展是以不切实际的高指标为中心的。高指标的背后，是重速度、轻效益，重生产、轻生活的发展方式。"小康"目标的确定，不仅摒弃了高指标，更重要地是让我们的经济建设不再单纯追求扩大规模、增加产值、提高速度，而全面转向了围绕人民生活水平提高来确定方针和步骤的轨道。

1992年邓小平在视察南方时说："不坚持社会主义，不改革开放，不发展经济，不改善人民生活，只能是死路一条。"① 深圳市委原书记李灏曾说："他（邓小平）离开深圳去珠海，上船的时候，走了几步又回来特意嘱咐我：'你们要搞快一点'。后来有人对这话有异议，说老人家就知道快。其实他在深圳还说了许多话，他说，不是鼓励不切实际的高速度，还是要扎扎实实，讲求效益，稳步协调地发展。他还说，经济发展得快一点，必须依靠科技和教育。我们这些年，离开科学技术能增长这么快吗？靠科学才有希望。这个时候他就提出一个新的设想。他说，现在我们国内条件具备，国际形势有利，再加上发挥社会主义制度能够集中力量办大事的优势，出现若干个发展速度比较快、效益比较好的阶段，是必要的，也是能够办到的。我们就是要有这个雄心壮志！这说的就是经济增长方式的转变，从加快发展到又快又好，就是从这儿来的。"②

"抓住机遇，加快发展"使中国的综合国力得到迅速提高。

1995年，我国国民生产总值达到了5.76万亿元，提前5年实现了原定2000年国民生产总值比1980年翻两番的目标。这一年，作为第三代中央领导集体的核心，江泽民发表了《正确处理社会主义现代化建设中的若干重大关系》的著名文章，以新的发展思

---

① 《邓小平文选》第3卷，人民出版社1993年版，第370页。
② 李灏采访记录，2009年。

路论证了中国现代化建设中必须正确处理的12个重大关系。同一年，江泽民提出了我国经济发展要实现"两个根本转变"的思想，强调"从计划经济体制向社会主义市场经济体制转变，经济增长方式从粗放型向集约型转变，这是实现今后十五年奋斗目标的关键所在"。为此，中央作出了科教兴国战略、区域协调发展战略、可持续发展战略等一系列重大战略决策。

从20世纪90年代中期起，"又快又好"替代了"加速发展"，成为中国现代化建设新的主旋律。

2000年，站在新的历史起点上，江泽民阐发"三个代表"重要思想，首先强调的就是"中国共产党要始终代表中国先进生产力发展要求"，明确了党的理论、路线、纲领、方针、政策和各项工作，必须努力符合生产力发展的规律，体现不断推动社会生产力的解放和发展的要求，尤其要体现推动先进生产力发展的要求，通过发展生产力不断提高人民群众的生活水平。

进入21世纪，中国共产党完成了关于工业化认识上的转变，形成新型工业化道路的基本思路。

2002年9月，在党的十六大上，"新型工业化"道路被正式概括为："坚持以信息化带动工业化，以工业化促进信息化，走出一条科技含量高、经济效益好、资源消耗低、环境污染少、人力资源优势得到充分发挥的新型工业化路子。"①

到中华人民共和国成立60周年之际，中国已经进入小康社会。据中国商务部报告，这时全世界每人每年要穿一双中国制

---

① 《十六大以来重要文献选编》（上），中央文献出版社2011年版，第16页。

造的鞋，买两米中国生产的布，穿三件中国制造的衣服。世界已经离不开中国了，小康中国的"体量"举足轻重，小康中国的"动向"更是举世瞩目。小康中国已经成为世界上举足轻重的经济大国，全世界都已经离不开"中国制造"；另一个方面，众多的"中国制造"又被贴上了廉价产品的标签。中国的现代化"赛程"已经过半，我们在大步追赶领先者的同时，自身经济发展存在的大量消耗自然和人力资源、缺乏自主的知识产权、高度依赖国际市场等问题也开始暴露出来。而此时，来自外部的强烈冲击也不期而至。

2008年7月13日，美国财政部和美联储宣布救助房利美和房地美。9月15日，有着158年历史的美国第四大投资银行雷曼兄弟公司宣布申请破产保护。美林公司被收购，AIG被政府接管，发达国家金融体系的流动性全面冻结，始自美国次贷危机的国际金融危机全面爆发。美国经济自2006年开始出现问题，2007年12月开始陷入衰退，紧接着日本和欧元区也陷入衰退，新兴经济体情况不断恶化，二战后发达经济体经济首次出现负增长。

导致这场危机的原因是多方面的，但从本质上看，国际金融危机是主要发达国家经济体宏观经济政策不当、政府监管缺失造成的，是其长期负债的消费模式难以为继的结果。国际金融危机是对过度负债消费和过度依赖资源消耗的经济增长模式的冲击，是对不适应经济形势变化的现行金融监管模式的冲击，也是对自由放任和缺乏制约的发展理念的冲击。

起源于美国的国际金融危机，打乱了世界经济的原有秩序和发展态势，不仅对世界主要经济体，更对对外开放度日益提高的中国带来巨大冲击，使中国经济实现平稳较快发展的难度急剧增大。2008年中国经济增速从上一年的14.2%，回落到9.6%，其中第四季度增速从第三季度的9%滑落至6.8%。中国的东南沿海，此时已经成为"中国制造"的重要基地。一些中小企业完全依赖国际市场，靠低成本优势打拼。2008年以前，珠三角的玩具企业有8000多家，玩具销售额占全国的70%以上，国际金融危机来袭后，其中的5000余家企业不得不关门倒闭，到2011年4月，我国的玩具行业累计亏损率达22.6%，资产负债率为50.18%。同样，有着中国民间资本"晴雨表"之称的温州，从2011年4月开始，也经历罕见的民间金融"风暴潮"。由于民间借贷危机愈演愈烈，企业资金链断裂，上演了一场企业主欠债"跑路"的悲剧。问题惊动了中央政府，国务院总理温家宝亲临当地调研，出面召开四级政府会议帮助企业脱困。2012年4月，国务院正式决定设立温州市金融综合改革试验区，集中解决民间金融的规范问题。

面对复杂多变的国际国内环境，党中央、国务院审时度势、科学决策，加强和改善宏观调控，及时、灵活地调整宏观经济政策，积极应对国际金融危机。

国际金融危机爆发前，党中央对其就有所预见。2007年8月、9月，胡锦涛在中央政治局集体学习时提出，在经济全球化、我国对外开放不断扩大的形势下，必须增强国家经济安全监测和预警、危机反应和应对能力，增强金融业抗风险能力，以确保经济安全和金融安全。10月，他在十七大报告和十七届一中全会的讲话中强调，要统筹国内国际两个大局，善于从国际形势发展变化中把握机遇、应对挑战，特别要注重防范国际经济风险。12月初，胡锦涛在中央经济工作会议上明确谈到美国次贷危机问题。其后，他又在新进中央委员会的委员、候补委员学习贯彻党的十七大精神研讨班上，突出强调："宁可把风险和困难估计得足一些，也千万不要因为估计不足而在风险一旦发生时手足无措，陷于被动。"①

危机爆发后不久，2008年12月，胡锦涛在中央经济工作会议上对世界经济发展的最新动向和中长期趋势作出了基本判断。他指出：这场危机发生后，"世界经济增长格局会有所变化，但经济全球化深入发展的大趋势不会改变；政府维护市场正常运行的职责会有所强化，但市场在资源配置中的基础性作用不会改变；国际货币多元化会有所推进，但美元作为主要国际货币的地位没有发生根本改变；发展中国家整体实力会有所上升，但发达国家综合国力和核心竞争力领先的格局没有改变"②。依据对世界经济形势的这种清醒分析，党中央得出重要结论：我国发展的重要战略机遇期仍然存在，不会因为这场金融危机而发生根本性逆转。这个基本判断，是我国形成应对国际金融危机冲击的明确思路和长远发展的战略构想的基础。

面对经济可能出现下滑的严峻形势，党中央、国务院判断准、预见早、行动快。9月中下旬，央行开始分别下调人民币贷

---

① 《胡锦涛文选》第3卷，人民出版社2016年版，第19页。
② 《胡锦涛文选》第3卷，人民出版社2016年版，第280页。

款基准利率和存款准备金率,旨在增加市场流动性。10月后,我国频繁出台一系列应对危机的政策组合,其中包括被国际社会称为"中国四万亿经济刺激计划"的投资计划。10月9日至12日,中共十七届三中全会提出,积极应对挑战,最重要的是把我国自己的事情办好,尽快扭转经济增速下滑的势头。要采取灵活审慎的宏观经济政策,着力扩大国内需求特别是消费需求,保持经济稳定、金融稳定、资本市场稳定、社会大局稳定。11月5日,国务院常务会议决定采取进一步扩大内需、促进经济增长的十项措施,具体包括:一、加快建设保障性安居工程。加大对廉租住房建设支持力度,加快棚户区改造,实施游牧民定居工程,扩大农村危房改造试点。二、加快农村基础设施建设。加大农村沼气、饮水安全工程和农村公路建设力度,完善农村电网,加快南水北调等重大水利工程建设和病险水库除险加固,加强大型灌区节水改造。加大扶贫开发力度。三、加快铁路、公路和机场等重大基础设施建设。重点建设一批客运专线、煤运通道项目和西部干线铁路,完善高速公路网,安排中西部干线机场和支线机场建设,加快城市电网改造。四、加快医疗卫生、文化教育事业发展。加强基层医疗卫生服务体系建设,加快中西部农村初中校舍改造,推进中西部地区特殊教育学校和乡镇综合文化站建设。五、加强生态环境建设。加快城镇污水、垃圾处理设施建设和重点流域水污染防治,加强重点防护林和天然林资源保护工程建设,支持重点节能减排工程建设。六、加快自主创新和结构调整。支持高技术产业化建设和产业技术进步,支持服务业发展。七、加快地震灾区灾后重建各项工作。八、提高城乡居民收入。提高明年粮食最低收购价格，提高农资综合直补、良种补贴、农机具补贴等标准，增加农民收入。提高低收入群体等社保对象待遇水平，增加城市和农村低保补助，继续提高企业退休人员基本养老金水平和优抚对象生活补助标准。九、在全国所有地区、所有行业全面实施增值税转型改革，鼓励企业技术改造，减轻企业负担1200亿元。十、加大金融对经济增长的支持力度。取消对商业银行的信贷规模限制，合理扩大信贷规模，加大对重点工程、"三农"、中小企业和技术改造、兼并重组的信贷支持，有针对性地培育和巩固消费信贷增长点。这些工程投资相当于2007年我国GDP的16%，预测每年可拉动我国经济增长1%。

在做好自己的事的同时，党和国家还加强了国际合作。11月15日，胡锦涛在20国集团领导人金融市场和世界经济峰会上讲话，阐明中国应对危机的重要主张，提出坚持全面性、均衡性、渐进性、实效性的原则对国际金融体系进行改革的4点建议。11月21日，他在亚太经合组织工商领导人峰会演讲时强调，国际社会应该认真总结这场金融危机的教训，在所有利益攸关方充分协商的基础上，把握建立公平、公正、包容、有序的国际金融新秩序的方向，对国际金融体系进行必要的改革，创造有利于全球经济健康发展的制度环境。11月22日，胡锦涛在亚太经合组织第16次领导人非正式会议上，就有效应对危机、维护国际金融稳定、促进世界经济发展提出3点主张，并就国际经济社会发展中的突出问题提出了凝聚共识、承担责任、交流合作、规范引导、协调行动等5点主张。

经过了一个阶段的反应、充实和完善，我国形成了较为系统完整的应对危机一揽子计划，主要包括4个方面：首先，大规模增加政府投资，实施总额4万亿元的两年投资计划，实行结构性减税，扩大国内需求；其次，大范围实施调整振兴产业规划；第三，大力推进自主创新；最后，大幅度提高社会保障水平，扩大城乡就业，促进社会事业发展。在一揽子计划的拉动下，中国经济度过了进入新世纪以来最困难的一年，2009年经济增长9.4%，完成了"保增长"的要求。这年6月中旬，胡锦涛出席金砖四国领导人首次正式会晤，在阐述推动恢复世界经济增长的4点建议中，他提出："我们要努力克服困难，争取率先从国际金融危机中复苏。"①2010年，我国经济增速回升到10.6%。

在应对国际金融危机冲击的过程中，扩大内需政策起到极为关键的作用。国家坚持扩大内需的战略方针，通过鼓励消费，进一步增强内需对经济增长的拉动作用。扩大内需的政策措施重点更多地放在保障和改善民生、加快发展服务业、提高中等收入者比重等方面，如：增加对城镇低收入居民和农民的补贴、实施家电下乡和以旧换新政策、改善城乡商业流通、鼓励新型消费等。在各项政策措施推动下，国内需求对经济增长的贡献率大幅提高，2007年至2010年，国内需求对经济增长的贡献率分别为81.9%、91%、138.9%和92.1%。2009年，在外需对经济增长为负贡献的情况下，国内需求增长有效弥补了外需

---

① 《胡锦涛文选》第3卷，人民出版社2016年版，第218页。

的下降。扩大内需政策，显著增强了经济的内生动力，投资、出口、消费带动经济增长的协调性不断增强。

这些应对危机的措施，概括起来，就是我们全面分析和及时判断国内外经济形势的复杂变化，积极应对国际金融危机给我国经济发展带来的严重冲击，全力保增长、保民生、保稳定。而通过这次经济危机的淬炼，我们更大的收获是，着眼于世界经济形势新变化和国内经济发展新情况，从全面建设小康社会、推进改革开放和社会主义现代化的战略全局出发，深化对经济发展宏观背景的认识，深入研究和积极实施推动经济社会发展的政策措施，加快经济发展方式转变和经济结构调整，努力为促进经济社会又好又快发展创造条件。

危机发生后，有人提出疑问：与发达国家不同，中国的金融业健康稳定，对实体经济的"造血"功能毫发未损，为什么中国经济也会受到国际金融危机的冲击？答案是明显的。长期以来，我国企业自主创新能力不足，缺乏核心技术、缺乏自主知识产权，更多依靠廉价劳动力的比较优势、依靠资源能源的大量投入来赚取国际产业链低端的微薄利润。"世界工厂"的光环，掩不住90%的出口商品是贴牌产品的尴尬。在巨浪滔天的金融海啸里，这些没有自己"头脑"和"心脏"的贴牌企业更容易"沉没"。长期以来，我国经济增长高度依赖国际市场，外贸依存度从改革开放之初的9.7%上升到目前的60%，远高于世界平均水平。如此高的外贸依存度，带来与国际市场"同此凉热"的高风险度。一旦危机席卷全球、外部需求急剧下滑，拉动中国经济的"三驾马车"就必然因为出口的自由落体式滑落而失去平衡。

从小康目标提出时起，经过多年的持续快速发展，中国进入全面建设小康社会的新阶段，国家的经济实力和综合国力大大增强，但资本和土地资源等传统生产要素对经济增长的贡献率开始呈现递减趋势，经济增长方式落后、经济整体素质不高，竞争力不强的问题日益突出。

进入小康社会后的几年时间，中国处于工业化中期和城市化加速阶段，外延型增长仍然有较大空间。工业化中期的需求升级和城市化的加速，必然导致重化工业的扩张。而受长期形成的赶超战略和就业压力的影响，经济发展速度成为最主要和优先的目标。同时，地区之间因经济发展极端不平衡所导致的剧烈竞争，也阻碍了经济增长方式的转变。

此时，小康社会建设已经30多年，中国经济在不断的转变中持续快速发展，创造了世界现代化进程中的一个伟大奇迹。环顾全球，曾经成功启动现代化进程的国家不少，但真正能够推动现代化进程持续发展，并最终获得成功的国家并不多。不少国家在迈入现代化进程后，最初的发展势头相当不错，但后来却出现停滞，甚至发生逆转，关键原因就是没能及时对发展方式作出调整。

面对愈益复杂的新情况、新问题，2006年10月11日，胡锦涛在党的十六届六中全会第二次全体会议上提出："扎实促进经济又好又快发展。"①

---

① 《十六大以来重要文献选编》（下），中央文献出版社2011年版，第679页。

这就将长期以来对经济发展"又快又好"的要求,改为了"又好又快"。

12月5日,胡锦涛将几年来在经济社会发展实践中贯彻落实科学发展观的经验概括为"六个必须",其中最重要的是第一条:"坚持又好又快发展,是落实科学发展观、实现全面建设小康社会目标的必然要求,是调动各方面积极性、发挥各类生产要素潜力的有效途径,是紧紧抓住发展机遇、实现综合国力整体跃升的必由之路。又好又快发展是有机统一的整体,既要求保持经济平稳较快增长,防止大起大落,更要求坚持好中求快,注重优化结构,努力提高质量和效益。"① "我国已具备支撑经济又好又快发展的诸多条件,关键要在转变增长方式上狠下功夫,当前特别是要在增强自主创新能力和节能降耗、保护生态环境方面迈出实质性步伐。"② 这样就实现了我国经济社会发展的指导方针由"又快又好"到"又好又快"的重大转变,也是科学发展观的一个重大发展。

没有一劳永逸的现代化,也就没有一成不变的发展方式。

如何避免前人所走的弯路?如何解决资源环境、投资消费比例、收入分配差距、自主创新能力等方面的问题?国际金融危机形成的倒逼机制,让我们切身感受到,中国的小康社会建设、中国的现代化进程,又到了一个攸关未来的十字路口。在这个问题上,不变则罔,不进则退,否则,发展代价会越来

---

① 《胡锦涛文选》第2卷,人民出版社2016年版,第545页。
② 《胡锦涛文选》第2卷,人民出版社2016年版,第545—546页。

大、空间会越来越小、道路会越来越窄。因此，在科学发展观指导下，加快转变经济发展方式成为推动科学发展的必由之路，它是中国经济社会领域的一场深刻变革，将贯穿经济社会发展的全过程和各领域。

2010年2月，中国进入小康社会的第10个春天里，在北京西郊的中央党校，举办为期7天的省部级主要领导干部深入贯彻落实科学发展观加快经济发展方式转变专题研讨班。这是一个不同寻常的举动。在开班式上，胡锦涛作了长篇讲话。他指出：

"综合判断国际国内经济形势，转变经济发展方式已刻不容缓。"①

什么叫"刻不容缓"？国际金融危机使我国转变经济发展方式问题更加突显出来，国际金融危机对我国经济的冲击表面上是对经济增长速度的冲击，实质上是对经济发展方式的冲击。而且，国际金融危机波澜未平，一场争夺未来发展制高点的"竞赛"就已悄然涌动：美国将研发投入提高到GDP的3%，创下历史最高水平，并提出五年内出口翻番的目标；英国着眼于发展低碳经济、数字经济，"构建英国未来"；欧盟宣布投资1050亿欧元发展绿色经济；日本决心重返世界制造业的高端；俄罗斯提出开发纳米和核能技术……"国际金融危机形成的倒逼机制客观上为我国加快经济发展方式转变提供了难得机遇，我们必须紧紧抓住机遇，承担起历史使命，毫不动摇加快经济发展方式转变，在后国际金融危机时期的国际竞争中赢得

---

① 《胡锦涛文选》第3卷，人民出版社2016年版，第330页。

主动,使我国发展质量越来越高、发展空间越来越大、发展道路越走越宽。"①

在世界经济格局中,欧美占据了金融和消费的高端,中国居于生产中心的中端,下端还有提供原料的经济体。实际上,"目前世界经济增长模式确实不可持续,发达国家过度消费模式难以为继,世界经济增长模式调整势在必行,我们必须见事早、行动快、积极应对,为我国加快转变经济发展方式、保持经济平稳较快发展增添推动力。"②"后危机时代"的国家力量对比将重构全球的政治经济版图。而发达国家意图在"后危机时代"抢占发展制高点的战略布局,向中国发出了一个强烈的信号:不加快转变发展方式,就不能从大国变为强国,也就很难走完现代化的"后半程"。

面对新的挑战,党中央明确提出:坚持把经济结构战略性调整作为主攻方向,坚持把科技进步和创新作为重要支撑,坚持把保障和改善民生作为根本出发点和落脚点,坚持把建设资源节约型、环境友好型社会作为重要着力点,坚持把改革开放作为强大动力。这"五个坚持",为加快转变经济发展方式指明了方向。

在"十一五"行将结束时,工业和信息化部的统计显示,全世界大概500种工业产品中,220多种产品产量的"世界第一"属于中国。而经历了一个快速发展的阶段后,当不全面、

---

① 《胡锦涛文选》第3卷,人民出版社2016年版,第330页。
② 《胡锦涛文选》第3卷,人民出版社2016年版,第329—330页。

不协调、不可持续等问题日益凸现时，我们已经学会了用科学发展的眼光冷静、审慎地看待这些"世界第一"了。2010年，当经济总量跃居世界第二的消息传出，与国际舆论铺天盖地的热议相反，中国的反应相当低调。我们清楚地知道，设计和利润留在欧美日，意义有限的GDP和资源能耗留在了中国。在例行的记者会上，外交部发言人表示，中国的经济总量看上去较大，但仍是发展中国家，中国的外交政策不会因为GDP的增长而改变。2010年10月23日，在韩国庆州举行的二十国集团财长和央行行长会议对国际货币基金组织的改革达成协议，超过6%的投票权将从欧洲发达国家转向新兴经济体及发展中国家，金砖四国晋升十大股东行列，中国的份额升至第三位。国际舆论评价，这是一次历史性大改革，股权结构的变化预示着国际经济秩序的调整。此时的中国已今非昔比，此时的中国正在迅速崛起。

当年，中国选择了改革开放，选择了"小康"目标，由此演绎出一段世界发展史上罕见的时代传奇。30多年后，面对现代化之路上的又一个十字路口，中国坚定地选择转变发展方式，力争站在新的台阶上，开启由大国通向强国的大门。英国《每日电讯报》评价说，这一转变有可能继中国30多年前推行改革开放政策之后，再一次让中国的发展释放出更大的活力。

在21世纪开端的这段宝贵时间里，面对纷繁复杂的国际国内形势，在党中央的正确领导下，我国找到了准确的历史方位，确定了新世纪小康中国之路和实现现代化的指导方针以及具体模式，抓住了难得的战略机遇，聚精会神搞建设，一心一意谋发展，在新的历史起点上向着全面建设小康社会目标快速前进，在全球化的激烈竞争中赢得了主动和优势，同时也使中国特色社会主义现代化道路得到了显著的扩展，中华民族在这条壮阔的康庄大道上奋勇前进，抵达了历史长河中的崭新境界。

第五章

成路

全面小康社会的建成

进入中国特色社会主义新时代，如何完成艰巨历史任务？

1. 中国特色社会主义新时代的开启

2012年11月8日至14日,党的十八大在北京召开,这次大会肩负着时代赋予的使命,承载着亿万人民的期待。

胡锦涛在十八大报告中提出"我国进入全面建成小康社会决定性阶段",要"确保到二〇二〇年实现全面建成小康社会宏伟目标"①。全面建成小康社会目标,根据我国经济社会发展实际,党的十八大在十六大、十七大确立的目标基础上提出了需要努力实现的新要求,即:

"——经济持续健康发展。转变经济发展方式取得重大进展,在发展平衡性、协调性、可持续性明显增强的基础上,实现国内生产总值和城乡居民人均收入比二〇一〇年翻一番。科技进步对经济增长的贡献率大幅上升,进入创新型国家行列。工业化基本实现,信息化水平大幅提升,城镇化质量明显提高,农业现代化和社会主义新农村建设成效显著,区域协调发展机制基本形成。对外开放水平进一步提高,国际竞争力明显

---

① 《胡锦涛文选》第3卷,人民出版社2016年版,第625页。

增强。

——人民民主不断扩大。民主制度更加完善，民主形式更加丰富，人民积极性、主动性、创造性进一步发挥。依法治国基本方略全面落实，法治政府基本建成，司法公信力不断提高，人权得到切实尊重和保障。

——文化软实力显著增强。社会主义核心价值体系深入人心，公民文明素质和社会文明程度明显提高。文化产品更加丰富，公共文化服务体系基本建成，文化产业成为国民经济支柱性产业，中华文化走出去迈出更大步伐，社会主义文化强国建设基础更加坚实。

——人民生活水平全面提高。基本公共服务均等化总体实现。全民受教育程度和创新人才培养水平明显提高，进入人才强国和人力资源强国行列，教育现代化基本实现。就业更加充分。收入分配差距缩小，中等收入群体持续扩大，扶贫对象大幅减少。社会保障全民覆盖，人人享有基本医疗卫生服务，住房保障体系基本形成，社会和谐稳定。

——资源节约型、环境友好型社会建设取得重大进展。主体功能区布局基本形成，资源循环利用体系初步建立。单位国内生产总值能源消耗和二氧化碳排放大幅下降，主要污染物排放总量显著减少。森林覆盖率提高，生态系统稳定性增强，人居环境明显改善。"①

从经济、政治、文化、社会、生态文明五个方面统筹推

---

① 《胡锦涛文选》第3卷，人民出版社2016年版，第625—627页。

进，这就是"五位一体"的总体布局，是新时代推进中国特色社会主义事业的总号角，也是夺取全面建成小康社会胜利的路线图。

"四个全面"，是中国特色社会主义事业的战略布局，是新的历史条件下治国理政的方略。其中，全面建成小康社会是战略目标，统率和引领着全面深化改革、全面依法治国、全面从严治党三大战略举措。同时，全面深化改革为全面建成小康社会提供动力源泉，全面依法治国为全面建成小康社会提供法治保障，全面从严治党是全面建成小康社会的根本保证。

全面建成小康社会，是中国共产党提出的"两个一百年"奋斗目标的第一个百年奋斗目标，是中国特色社会主义进入新时代的重大历史任务，是中华民族伟大复兴进程中的重要里程碑。"全面建成小康社会，强调的不仅是'小康'"，"更重要的也是更难做到的是'全面'。'小康'讲的是发展水平，'全面'讲的是发展的平衡性、协调性、可持续性。"[①]从"全面建设小康社会"到"全面建成小康社会"，虽仅一字之差，却体现了中国共产党全面建成小康社会的信心和决心。

邓小平曾经说："中国的事情能不能办好，社会主义和改革开放能不能坚持，经济能不能快一点发展起来，国家能不能长治久安，从一定意义上说，关键在人。"[②]"中国问题的关键在于共产党要有一个好的政治局，特别是好的政治局常委会。

---

① 《习近平关于全面建成小康社会论述摘编》，中央文献出版社2016年版，第12页。
② 《邓小平文选》第3卷，人民出版社1993年版，第380页。

只要这个环节不发生问题，中国就稳如泰山。"①组成一个好的政治局及其常务委员会，对于在国际国内形势深刻变化的条件下维护和推进我国改革发展稳定大局、保障党和国家事业继往开来，尤其是对于全面小康社会目标的顺利实现，具有十分重要的意义。"最关紧要的是有一个团结的领导核心。这样保持五十年，六十年，社会主义中国将是不可战胜的。"②在党的十八大顺利完成党的领导机构新老交替，选举新一届中央领导机构，是历史赋予中国共产党的重任，是人民对中国共产党的期待。

2012年11月15日上午，北京人民大会堂庄严肃穆。中国共产党第十八届中央委员会第一次全体会议，选举习近平为中央委员会总书记和以习近平同志为核心的新一届中央领导集体。11时53分，新当选的中共中央总书记习近平和中央政治局常委李克强、张德江、俞正声、刘云山、王岐山、张高丽步入大会堂东大厅，同采访党的十八大的中外记者亲切见面。中央领导同志步履矫健、沉着坚定、从容自信，向大家热情挥手、微笑致意，展示出蓬勃旺盛的活力和锐意进取的精神。习近平总书记代表新一届中央领导机构成员感谢全党同志的信任，并表示定当不负重托，不辱使命。他说，全党同志的重托，全国各族人民的期望，是对我们做好工作的巨大鼓舞，也是我们肩上的重大责任。

---

① 《邓小平文选》第3卷，人民出版社1993年版，第365页。
② 《邓小平文选》第3卷，人民出版社1993年版，第365页。

以习近平同志为核心的新一届中央领导集体高举中国特色社会主义伟大旗帜，团结带领全党和全国各族人民解放思想，改革开放，凝聚力量，攻坚克难，坚定不移沿着中国特色社会主义道路前进，为全面建成小康社会而奋斗，不断夺取中国特色社会主义新胜利，共同创造中国人民和中华民族更加幸福美好的未来。时间在这一刻被赋予了新的历史内涵。穿越近百年光辉历程的中国共产党，再次挺立于承载人民期望、担当复兴使命的新起点。中国共产党的历史掀开新的篇章，中国特色社会主义踏上新的征程，中华民族伟大复兴展现出光明前景。习近平总书记指出："党的十八大报告勾画了在新的历史条件下全面建成小康社会、加快推进社会主义现代化、夺取中国特色社会主义新胜利的宏伟蓝图，是我们党团结带领全国各族人民沿着中国特色社会主义道路继续前进、为全面建成小康社会而奋斗的政治宣言和行动纲领，为我们这一届中央领导集体的工作指明了方向。"①

党的十八大后，"中国特色社会主义进入了新时代"。这个新时代建立在新中国成立特别是改革开放、小康提出以来我国发展取得的重大成就的基础上，是以习近平同志为核心的党中央领导党和国家事业发生历史性变革的结果。党的十九大用"三个意味着"，从中华民族、科学社会主义、人类社会的维度，深刻阐明了新时代的历史意义、政治意义和世界意义。中国特色社会主义进入新时代，标明了决胜全面建成小康社会的

---

① 《十八大以来重要文献选编》（上），中央文献出版社2014年版，第72页。

历史方位。

全面建成小康社会,我们所肩负任务的艰巨性和繁重性世所罕见,我们所面临矛盾和问题的复杂性世所罕见,我们所面对的困难和风险也世所罕见。

比如,在这样一个关键的阶段,只有保持经济中高速增长,才有利于改善民生,让人民群众更加切实感受到全面建成小康社会的成果。要确保到2020年实现国内生产总值和城乡居民人均收入比2010年翻一番的目标,必须保持必要的增长速度。从国内生产总值翻一番看,2016年至2020经济年均增长底线是6.5%以上。从城乡居民人均收入翻一番看,2010年城镇居民人均可支配收入和农村居民人均纯收入分别为19109元和5919元。到2020年翻一番,按照居民收入增长和经济增长同步的要求,"十三五"时期经济年均增长至少也要达到6.5%。而随着我国经济发展进入新常态,产能过剩化解、产业结构优化升级、创新驱动发展实现都需要一定的时间和空间,经济下行压力明显,保持较高增长速度难度不小,面临的不确定性因素也比较多。一个时期内,全球经济贸易增长持续乏力,我国投资和消费需求增长放缓,形成新的市场空间需要一个过程。在经济结构、技术条件没有明显改善的条件下,资源安全供给、环境质量、温室气体减排等约束强化,将压缩经济增长空间。经济运行中还存在其他一些风险,如杠杆率高企、经济风险上升等,都对经济增长形成了制约。再比如,据《国家新型城镇化规划(2014—2020年)》预测,2020年户籍人口城镇化率将达到45%左右。按2013年户籍人口城镇化率35.9%计算,年均需提高1.3个百分点，年均需转户1600多万人。2015年，按照常住人口计算，我国城镇化率已经接近55%，城镇常住人口达到7.5亿。问题是这7.5亿人口中包括2.5亿的以农民工为主体的外来常住人口，他们在城镇还不能平等享受教育、就业服务、社会保障、医疗、保障性住房等方面的公共服务，带来一些复杂的经济社会问题。①

"诗云：'行百里者半于九十。'此言末路之难也。"面对困难和挑战，只有采取力度更大、针对性更强的举措，才能实现全面建成小康社会，为开启全面建设社会主义现代化国家新征程奠定坚实的基础；只有党坚强有力，党同人民保持血肉联系，国家才能繁荣稳定，人民才能幸福安康。

2012年12月，党的十八大召开不久，新当选为党的总书记的习近平，第一次到地方考察选择了广东。8日上午9时许，深圳莲花山公园，游客络绎不绝。习近平来到这里，接见了当年参与特区建设和1992年陪同邓小平视察南方的几位老同志，向伫立在山顶的邓小平铜像敬献花篮。俯瞰深圳市的繁荣景象，习近平感慨地说，我们来瞻仰邓小平铜像，就是要表明我们将坚定不移推进改革开放，奋力推进改革开放和现代化建设取得新进展、实现新突破、迈上新台阶。

随后的5年中，面对世界经济复苏乏力、局部冲突和动荡频发、全球性问题加剧的外部环境，面对我国经济发展进入新常态等一系列深刻变化，我们坚持稳中求进工作总基调，迎难而

---

① 《十八大以来重要文献选编》（中），中央文献出版社2016年版，第777—779页。

上，开拓进取，取得了全面小康社会和社会主义现代化建设的历史性成就。通过在现代化道路上40年的拼搏奋斗，我国稳定解决了十几亿人的温饱问题，总体上实现小康，不久将全面建成小康社会，人民美好生活需要日益广泛，不仅对物质文化生活提出了更高要求，而且在民主、法治、公平、正义、安全、环境等方面的要求日益增长。同时，我国社会生产力水平总体上显著提高，社会生产能力在很多方面进入世界前列，更加突出的问题是发展不平衡不充分，这已经成为满足人民日益增长的美好生活需要的主要制约因素。因此，党中央明确提出："我国社会主要矛盾已经转化为人民日益增长的美好生活需要和不平衡不充分的发展之间的矛盾。"①

马克思曾说："理论只要说服人，就能掌握群众；而理论只要彻底，就能说服人。"②党的十九大指出："党的十八大以来，以习近平同志为主要代表的中国共产党人，顺应时代发展，从理论和实践结合上系统回答了新时代坚持和发展什么样的中国特色社会主义、怎样坚持和发展中国特色社会主义这个重大时代课题，创立了习近平新时代中国特色社会主义思想。习近平新时代中国特色社会主义思想是对马克思列宁主义、毛泽东思想、邓小平理论、'三个代表'重要思想、科学发展观的继承和发展，是马克思主义中国化最新成果，是党和人民实践经验和集体智慧的结晶，是中国特色社会主义理论体系的重

---

① 《十九大以来重要文献选编》（上），中央文献出版社2019年版，第8页。
② 《马克思恩格斯选集》第1卷，人民出版社2012年版，第9—10页。

要组成部分，是全党全国人民为实现中华民族伟大复兴而奋斗的行动指南，必须长期坚持并不断发展。"①习近平新时代中国特色社会主义思想在十九大确立为党的指导思想并写入党章，在第十三届全国人大一次会议载入宪法，是新时代党的思想旗帜，是国家政治生活和社会生活的根本指针。作为当代中国的马克思主义、21世纪的马克思主义，习近平新时代中国特色社会主义思想运用马克思主义立场观点方法，立足全新的时代条件，总结创新的实践经验，提出一系列崭新的思想观点论断，构建起严整而开放的理论体系。其核心内容是"八个明确"和"十四个坚持"。"八个明确"中，最为重要的是明确坚持和发展中国特色社会主义，提出总任务是实现社会主义现代化和中华民族伟大复兴，作出了在全面建成小康社会的基础上，从2020年到21世纪中叶分两步走建成富强民主文明和谐美丽的社会主义现代化强国战略安排。

党的十九大鸣奏嘹亮的冲锋号："决胜全面建成小康社会，开启全面建设社会主义现代化国家新征程"②。党中央明确提出："我们既要全面建成小康社会、实现第一个百年奋斗目标，又要乘势而上开启全面建设社会主义现代化国家新征程，向第二个百年奋斗目标进军。"③ "从全面建成小康社会到基本实现现

---

① 《中国共产党第十九次全国代表大会文件汇编》，人民出版社2017年版，第103页。

② 《十九大以来重要文献选编》（上），中央文献出版社2019年版，第19页。

③ 《十九大以来重要文献选编》（上），中央文献出版社2019年版，第20页。

代化，再到全面建成社会主义现代化强国，是新时代中国特色社会主义发展的战略安排。我们要坚忍不拔、锲而不舍，奋力谱写社会主义现代化新征程的壮丽篇章！"①党和国家在新的战略安排下部署了一系列关于全面建成小康社会新的政策措施，落实到实践中，无论在广度还是在深度上，都在现代化发展道路上产生一场更广泛、更深刻的发展革命。

以习近平同志为核心的中国共产党人，提出坚持和发展中国特色社会主义的总任务是实现社会主义现代化和中华民族伟大复兴，在全面建成小康社会的基础上，分两步走在本世纪中叶建成富强民主文明和谐美丽的社会主义现代化强国，以中国式现代化推进中华民族伟大复兴；提出新时代我国社会主要矛盾是人民日益增长的美好生活需要和不平衡不充分的发展之间的矛盾，必须坚持以人民为中心的发展思想，发展全过程人民民主，推动人的全面发展、全体人民共同富裕取得更为明显的实质性进展；确定中国特色社会主义事业总体布局是经济建设、政治建设、文化建设、社会建设、生态文明建设五位一体，战略布局是全面建设社会主义现代化国家、全面深化改革、全面依法治国、全面从严治党四个全面。

在全面深化改革方面，党中央确定的总目标是完善和发展中国特色社会主义制度、推进国家治理体系和治理能力现代化。实现改革由局部探索、破冰突围到系统集成、全面深化的转变，开创了我国改革开放新局面。党中央坚持改革正确方

---

① 《十九大以来重要文献选编》（上），中央文献出版社2019年版，第21页。

向，以促进社会公平正义、增进人民福祉为出发点和落脚点，突出问题导向，聚焦进一步解放思想、解放和发展社会生产力、解放和增强社会活力，加强顶层设计和整体谋划，增强改革的系统性、整体性、协同性，激发人民首创精神，推动重要领域和关键环节改革走实走深；推动改革全面发力、多点突破、蹄疾步稳、纵深推进，从夯基垒台、立柱架梁到全面推进、积厚成势，再到系统集成、协同高效，各领域基础性制度框架基本确立，许多领域实现历史性变革、系统性重塑、整体性重构。同时，顺应经济全球化，依托我国超大规模市场优势，实行更加积极主动的开放战略。我国坚持共商共建共享，推动共建"一带一路"高质量发展，推进一大批关系沿线国家经济发展、民生改善的合作项目，建设和平之路、繁荣之路、开放之路、绿色之路、创新之路、文明之路，使共建"一带一路"成为当今世界深受欢迎的国际公共产品和国际合作平台。坚持对内对外开放相互促进、"引进来"和"走出去"更好结合，推动贸易和投资自由化便利化，构建面向全球的高标准自由贸易区网络，建设自由贸易试验区和海南自由贸易港，推动规则、规制、管理、标准等制度型开放，形成更大范围、更宽领域、更深层次对外开放格局，构建互利共赢、多元平衡、安全高效的开放型经济体系，不断增强我国国际经济合作和竞争新优势。

作为发展革命根本保障的是，中国共产党高度重视自我革命，全面推进党的政治建设、思想建设、组织建设、作风建设、纪律建设，把制度建设贯穿其中，深入推进反腐败斗争，落实管党治党政治责任，以伟大自我革命引领伟大社会革命。而且将实现坚持党的领导、人民当家作主、依法治国的有机统一作为政治建设的前进目标，积极发展全过程人民民主，健全全面、广泛、有机衔接的人民当家作主制度体系，构建多样、畅通、有序的民主渠道，丰富民主形式，从各层次各领域扩大人民有序政治参与，使各方面制度和国家治理更好体现人民意志、保障人民权益、激发人民创造。我国社会主义民主政治制度化、规范化、程序化全面推进，中国特色社会主义政治制度优越性得到更好发挥，生动活泼、安定团结的政治局面得到巩固和发展。

2. 贯彻新发展理念

"绝不能让一个少数民族、一个地区掉队,要让13亿中国人民共享全面小康的成果"①,这是中国共产党人作出的郑重承诺。全民共享,全面小康,一个不少,这是我们要建成的全面小康,也是全面建成小康社会的初心。

"公与平者,即国之基址也。"习近平总书记多次强调:"全面建成小康社会,最艰巨最繁重的任务在农村、特别是在贫困地区。"②全面小康,覆盖的人口要全面,是惠及全体人民的小康,是全民共享的小康。全面建成小康社会,不仅要从总体上、总量上实现小康,更重要的是让农村和贫困地区尽快赶上来,让所有人民都进入小康,一个不少。

2015年10月,党的十八届五中全会召开,提出了创新、协调、绿色、开放、共享的新发展理念,这是决胜全面建成小康社会的重要统领。

---

① 《2015全国两会文件学习读本》,人民出版社2015年版,第159页。
② 《习近平关于协调推进"四个全面"战略布局论述摘编》,中央文献出版社2015年版,第25页。

其中，共享发展理念是首次上升为发展战略的指导思想。这是一次重要的理论创新，同时也是党的指导思想长期发展的必然结果。对于全面小康社会的建成来说，这一新发展理念具有特别重要的意义。

恩格斯曾预测未来社会的前景："结束牺牲一些人的利益来满足另一些人的需要的状况"，"使所有人共同享受大家创造出的福利，使社会全体成员的才能得到全面的发展"①。马克思主义是以绝大多数人的利益为价值目标的思想体系，是共享发展理念的重要理论源头。如习近平总书记指出的："要坚持以人民为中心的发展思想，这是马克思主义政治经济学的根本立场。"②"着力践行以人民为中心的发展思想。这是党的十八届五中全会首次提出来的，体现了我们党全心全意为人民服务的根本宗旨，体现了人民是推动发展的根本力量的唯物史观。"③

共享发展理念首先着眼于解决实际的民生问题，这也是加强社会稳定和国家长治久安的内在要求。习近平总书记指出："抓民生也是抓发展。"④民生问题就是百姓的生活生计问题，表现为经济问题，实则是社会问题和政治问题。重视民生是中

---

① 《马克思恩格斯选集》第3卷，人民出版社2012年版，第243页。
② 习近平主持十八届中共中央政治局第二十八次集体学习时的讲话（2015年11月24日），《人民日报》2015年11月25日。
③ 《习近平关于全面建成小康社会论述摘编》，中央文献出版社2016年版，第158页。
④ 《习近平关于全面建成小康社会论述摘编》，中央文献出版社2016年版，第152页。

国共产党的优良传统，全心全意为人民服务是中国共产党的根本宗旨。共享发展理念实实在在地体现在教育、医疗、就业、扶贫、食品安全等民生领域的方方面面。共享发展，就是给人民更好的生活，增进人民福祉。

全面建成小康社会的进程中，要努力促使经济社会发展的成果更多、更公平地惠及全体人民，为此采取了一系列重大措施，并取得显著成效。"十三五"规划中提出将全面解决收入差距过大、公共服务供给不足、社会保障滞后、教育和就业机会不均等突出问题，尤其是"增加公共服务供给"和"实施脱贫攻坚工程"。这要求我们加强保障和改善民生工作。坚持守住底线、突出重点、完善制度、引导舆论的基本思路，多些雪中送炭，更加注重保障基本民生，更加关注低收入群众生活，更加重视社会大局稳定。通过这些措施，使发展更具公平性、普惠性，让人民群众有更多获得感、幸福感。真正实现资源共享、环境共享、信息共享、成果共享的"和谐社会"，这既是共享发展理念引领我们发展所带来的源源不断的强大动力，也是维护社会稳定和国家长治久安的重要保障。

共享发展理念是社会主义的本质要求。只有在社会主义条件下，共享发展理念才能够真正成为国家的指导思想。邓小平对"什么是社会主义，怎样建设社会主义"的探寻是以社会主义优越性作为切入点的，其中包括社会主义能否更给人民带来实实在在的利益。一个不能够给人民带来幸福富裕的社会制度，人民是不会拥护的，一个不能解决人民疾苦的政府也是不能长久的。"社会主义是一个很好的名词，但是如果搞不好，不能正确理解，不能采取正确的政策，那就体现不出社会主义的本质。"①社会主义制度最根本的优越性和优势就在于它不是维护少数人的利益，而是以维护最广大人民的利益为根本追求。"社会主义最大的优越性就是共同富裕，这是体现社会主义本质的一个东西。"②走资本主义道路只能使中国少数人富裕起来，大部分人依然贫困，必然导致两极分化，是私有制和阶级剥削的必然结果，资本主义的本质不是为了满足人的需要，而是追求剩余价值，人是追求物质财富的手段。社会主义优于资本主义的地方，一是能更快地发展生产力，二是发展成果由人民共享，走向共同富裕。在社会主义社会，公有制占主体，人民是国家的主人，发展成果决不允许为少数人所占有，必须由人民共享。正如邓小平所说："社会主义发展生产力，成果是属于人民的。"③习近平总书记指出："消除贫困，改善民生，逐步实现全体人民共同富裕，是社会主义的本质要求。"④《"十三五"规划建议》中也明确了"共享是中国特色社会主义的本质要求"。共享发展理念的实质就是人民创造的发展成果，一定归人民所有。把共享作为社会主义的发展原则和优越性来看待，体现了科学社会主义的核心内容和价值目标，表现出共享发展理念是社会主义的本质要求。

共享发展理念的最终目标是促进全社会每个人的全面发

---

① 《邓小平文选》第2卷，人民出版社1994年版，第313页。
② 《邓小平文选》第3卷，人民出版社1993年版，第364页。
③ 《邓小平文选》第3卷，人民出版社1993年版，第255页。
④ 《人民日报》2014年10月18日。

展。《共产党宣言》中把人的发展概括为"每个人的自由发展是一切人自由发展的条件"。马克思主义认为:"人以一种全面的方式,也就是说,作为一个完整的人,占有自己的全面的本质。"①人的发展是社会发展的主题和核心,人的发展离不开社会,社会发展的最终目的落实于人的发展。实际上所谓人的全面发展,就是人的社会关系的发展,就是人的社会交往的普遍性和人对社会关系的控制程度的发展。在人与自然、社会的统一上表现为在社会实践基础上人的自然素质、社会素质和心理素质的发展,就是在人的各种素质综合作用的基础上人的个性的发展。人的全面发展并不是指单个人的发展,而是指全社会的每一个人的全面发展。每个社会成员的基本尊严和基本生存条件能够得到维护和满足,这是共享发展理念最为基础的内容,但绝不止于此。共享发展理念的确立,既在现实层面上是发展思路、发展方向、发展着力点的集中体现,更在价值层面上发挥作用,起到促进社会和人类进步的长远作用,以实现全社会的每一个成员的全面发展为终极追求。

共享发展理念,其内涵主要有四个方面:一是共享是全民共享。这是就共享的覆盖面而言的。共享发展是人人享有、各得其所,不是少数人共享、一部分人共享。二是共享是全面共享。这是就共享的内容而言的。共享发展就要共享国家经济、政治、文化、社会、生态各方面建设成果,全面保障人民在各方面的合法权益。三是共享是共建共享。这是就共享的实现途

---

① 《马克思恩格斯全集》第42卷,人民出版社2007年版,第123页。

径而言的。共建才能共享，共建的过程也是共享的过程。要充分发扬民主，广泛汇聚民智，最大激发民力，形成人人参与、人人尽力、人人都有成就感的生动局面。四是共享是渐进共享。这是就共享发展的推进进程而言的。一口吃不成胖子，共享发展必将有一个从低级到高级、从不均衡到均衡的过程，即使达到很高的水平也会有差别。我们要立足国情、立足经济社会发展水平来思考设计共享政策，既不裹足不前、铢施两较、该花的钱也不花，也不好高骛远、寅吃卯粮、口惠而实不至。

习近平总书记指出："国家建设是全体人民共同的事业，国家发展过程也是全体人民共享成果的过程。"①共享发展成果是共享发展理念的最重要指向。共享发展成果，让最广大人民群众有获得感。"获得"重点是物质利益的获得，但解决温饱基本小康以后，人们不仅仅注重物质利益获得，也注重文化、精神的获得，民主权利的获得，社会和谐、安逸的获得，良好人际关系的获得，休闲娱乐的获得，更注重优良生态环境的获得。共享的对象还应包括共享发展机遇、共享发展成果、共享发展权利、共享发展过程、共享发展愿景，等等。共享发展机遇，重在保障社会公正，坚持机会均等，扩大就业，万众创业，人人创新；共享发展成果，重在保障人人都有获得感，人人都能真正有看得见、摸得着真真切切的"获得"；共享发展权利，使人自身获得发展。人的全面发展必然为全面建成小康社会提供不竭动力。

---

① 《习近平关于全面建成小康社会论述摘编》，中央文献出版社2016年版，第149页。

习近平总书记指出："落实共享发展理念，'十三五'时期的任务和措施有很多，归结起来就是两个层面的事。一是充分调动人民群众的积极性、主动性、创造性，举全民之力推进中国特色社会主义事业，不断把'蛋糕'做大。二是把不断做大的'蛋糕'分好，让社会主义制度的优越性得到更充分体现，让人民群众有更多获得感。要扩大中等收入阶层，逐步形成橄榄型分配格局。特别要加大对困难群众的帮扶力度，坚决打赢农村贫困人口脱贫攻坚战。落实共享发展是一门大学问，要做好从顶层设计到'最后一公里'落地的工作，在实践中不断取得新成效。"①这一指示非常清晰，重点鲜明，联系"十三五"规划中的相关内容，包含内容非常丰富和具体。"做大蛋糕"与"分好蛋糕"之辩，已经进行了很长时间，在讲话中实现了辩证统一。在谈实现途径时，他强调的仍然是人民的主体性地位，无论是"做大蛋糕"还是"分好蛋糕"，落脚点还是"人民共创"与"人民共享"。理解把握和贯彻落实共享发展理念，任重而道远。要使共享发展不停留在理想，有大量的实际工作要去做。

将五大新发展理念真正贯穿于各项工作之中，是取得全面建成小康社会的胜利的重要环节，也是下一阶段建设社会主义现代化国家，最终实现中华民族伟大复兴的必然要求。贯彻新发展理念是关系我国发展全局的一场深刻变革，不能简单以生产总值增长率论英雄，必须实现创新成为第一动力、协调成为

---

① 《习近平谈治国理政》第2卷，外文出版社2017年版，第216页。

内生特点、绿色成为普遍形态、开放成为必由之路、共享成为根本目的的高质量发展，推动经济发展质量变革、效率变革、动力变革。在中国特色社会主义新时代，我国经济发展平衡性、协调性、可持续性明显增强，国内生产总值突破百万亿元大关，人均国内生产总值超过一万美元，国家经济实力、科技实力、综合国力跃上新台阶，我国经济迈上更高质量、更有效率、更加公平、更可持续、更为安全的发展之路。

3. 决胜脱贫攻坚

党的十九大提出："坚决打好防范化解重大风险、精准脱贫、污染防治的攻坚战，使全面建成小康社会得到人民认可、经得起历史检验。"[①]脱贫攻坚，是全面建成小康社会的关键战役，而实际上，自"小康"目标诞生以来，我国的扶贫工作连续攀登了几个陡峭险峻的台阶，才走到如今得以实现跨越的历史阶段。

从"小康"目标提出到1984年全面改革，我国首先推动了土地经营制度的变革，这种变革极大地激发了广大农民的劳动热情，从而解放了生产力，提高了土地产出率。同时进行的多项改革，也为广大农村的贫困人口打开了新的出路。随着国民经济快速发展和乡镇企业异军突起，改革红利主要通过三个渠道向贫困人口身上传递。这三个渠道是：农产品价格逐步放开，农业产业结构向附加值更高的产业转化，农村劳动力在非农领域就业。大批贫困农民得以脱贫致富，农村贫困问题得到

[①] 《十九大以来重要文献选编》（上），中央文献出版社2019年版，第20页。

大幅缓解。

20世纪80年代中后期，在小康社会建设和全面改革开放政策的推动下，我国绝大多数地区凭借各自的优势，经济得到快速增长，贫困现象显著减少。但少数地区由于各种条件的制约，发展相对滞后。贫困地区与其他地区，特别是与东部沿海发达地区在经济、社会、文化等方面的差距逐步扩大。我国发展存在不平衡问题，低收入人群中有相当一部分人生活非常困难。自此时起，党和国家对传统的救济式扶贫进行彻底改革，确定了开发式扶贫的方针，有针对性地采取了一系列扶贫措施，如：成立专门扶贫工作机构，安排专项资金，制定专门的优惠政策。通过数年的努力，我国农村贫困人口减少到8000万人。

20世纪90年代，随着"翻两番"的提前实现、改革的深入发展和国家扶贫开发力度的不断加大，我国贫困人口逐年减少，贫困特征也发生较大变化，贫困人口分布呈现明显的地域特征。1994年3月，中央发布《八七扶贫攻坚计划（1994—2000年）》，提出集中人力、物力、财力，动员社会各界力量，力争用7年左右的时间，到2000年底基本解决当时全国农村8000万贫困人口的温饱问题。这是新中国历史上第一个有明确目标、明确对象、明确措施和明确期限的扶贫开发行动纲领。在此统领下，1997年至1999年这3年中，我国每年有800万贫困人口解决了温饱问题。到2000年底，基本实现《八七扶贫攻坚计划（1994—2000年）》提出的目标。这也是我国如期实现总体小康目标的重要一环。

进入新千年，我国连续实施《中国农村扶贫开发纲要（2001—2010年）》和《中国农村扶贫开发纲要（2011—2020年）》，使贫困人口大幅减少，贫困发生率也显著下降。根据中国社会科学院和国务院扶贫办发布的我国首部"扶贫蓝皮书"——《中国扶贫开发报告2016》提供的数据，小康建设开展以来，我国在减少贫困人口、提高居民生活质量方面取得了重大进步。2011年，我国将国家扶贫标准定为农民年人均纯收入2300元（按2010年不变价计算）。按照这个标准，我国农村贫困人口从1978年的7.7亿人减少到2015年的5575万人，减少了71464万人或者92.8%；同期农村贫困发生率从97.5%下降到5.7%，降低了91.8个百分点。按照世界银行2011年购买力平价1天1.9美元的贫困标准，1981年至2012年全球贫困人口减少了11亿或者55.1%，同期中国贫困人口减少了7.9亿。我国减少的贫困人口占到全球减少全部贫困人口的71.82%。[①]联合国发表的《千年发展目标2015年报告》显示，全球极端贫困人口从1990年的19亿降至2015年的8.36亿，中国在其中的贡献率超过70%，为全球减贫事业作出了重大贡献。

在小康中国之路上行进，我们积累了丰富的扶贫经验，开拓出中国特色扶贫道路。党的十八以来，以习近平总书记为核心的党中央不断创新扶贫开发方式，实现扶贫开发重大理论创新，开创脱贫攻坚新局面，为全球减贫事业提供了中国经验。

中央实施精准扶贫精准脱贫基本方略，提出"六个精

---

① 中国社会科学院、国务院扶贫办：《中国扶贫开发报告2016》。

准""五个一批"和"四个切实",重点实施"五个一批"工程,即通过发展生产脱贫一批、易地搬迁脱贫一批、生态补偿脱贫一批、发展教育脱贫一批、社会保障兜底一批。对集中连片特困地区和革命老区、民族地区、边疆地区出台针对性政策,强化了"四项措施",即强化基础设施建设,推进生态保护和建设,进行资源的合理开发和有效利用,加大民族地区、边疆地区的脱贫攻坚力度。同时加强财政投入保障,加大金融扶贫支持力度,加大深度贫困地区政策倾斜力度,深入推进"万企帮万村"精准扶贫行动,鼓励有条件的大型民营企业通过设立扶贫产业投资基金等方式参与脱贫攻坚。

通过区域开发和系列扶贫开发政策的推进落实,到2015年年底,我国农村贫困发生率已下降到5.7%。与此同时,经过多年扶贫开发,条件相对较好的农户基本都已脱贫,剩下的都是很难脱贫的群众,其中有不少贫困人口或丧失劳动能力,或患重病慢性病,或文化程度低,脱贫难度很高,对他们的扶贫工作是难啃的"硬骨头"。而且,贫困户分布也更加分散,致贫原因更加复杂多元,地区贫困差异也更大。仅通过危房改造、饮水安全、教育、卫生等区域指向性的公共服务政策,很难再有效惠及每个贫困人口,很难有效体现出对贫困人口的格外关注。同时,"三农"补贴发放主要以种养规模为依据,种粮大户、养殖大户、农机大户得到的多,贫困农户得到的少。而土地增减挂钩等政策效益也难以惠及边远贫困地区的贫困人口。面对当前我国剩余贫困人口的特性和扶贫开发的形势要求,中央做出的郑重选择,就是实施精准扶贫、精准脱贫。只有通过实施精准扶贫脱贫，面向特定人口、具体人口，精准发力，才能保障在全面建成小康社会的道路上不让任何一个贫困群众掉队。

2015年，党的十八届五中全会从实现全面建成小康社会奋斗目标出发，明确到2020年我国现行标准下农村贫困人口实现脱贫，贫困县全部摘帽，解决区域性整体贫困。11月，习近平总书记在中央扶贫开发工作会议上指出："消除贫困、改善民生、逐步实现共同富裕，是社会主义的本质要求，是我们党的重要使命。全面建成小康社会，是我们对全国人民的庄严承诺。脱贫攻坚战的冲锋号已经吹响。"①

会后，党中央、国务院联合发布《关于打赢脱贫攻坚战的决定》，成为脱贫工作的纲领性文件。2016年2月1日，中央办公厅、国务院办公厅印发《关于加大脱贫攻坚力度支持革命老区开发建设的指导意见》，进一步加大扶持力度，加快老区开发建设步伐。2016年11月23日，《"十三五"脱贫攻坚规划》发布，进一步明确了扶贫开发工作的目标任务和基本要求：到2020年，稳定实现现行标准下农村贫困人口不愁吃、不愁穿，义务教育、基本医疗和住房安全有保障，即"两不愁、三保障"。贫困地区农民人均可支配收入比2010年翻一番以上，增长幅度高于全国平均水平，基本公共服务主要领域指标接近全国平均水平。确保我国现行标准下农村贫困人口实现脱贫，贫困县全部摘帽，解决区域性整体贫困。2017年，党的十九大把

---

① 《习近平谈治国理政》第2卷，外文出版社2017年版，第83页。

脱贫攻坚战作为决胜全面建成小康社会必须打赢的三大攻坚战之一，作出全面部署。从2012年到2017年，我国有6000多万贫困人口稳定脱贫，贫困发生率下降到4%以下。

2018年2月11日上午，习近平总书记来到四川省凉山彝族自治州的火普村视察。他走进贫困户吉地尔子家的新居，在院内平台远眺火普村全貌，听取推进易地扶贫搬迁、彝家新寨新村建设、产业扶贫和公共服务保障等情况介绍，随后进屋察看住房功能布局。习近平指出，这里的实践证明，易地扶贫搬迁是实现精准脱贫的有效途径，一定要把这项工作做好做实。搬迁安置要同发展产业、安排就业紧密结合，让搬迁群众能住下、可就业、可发展。离开村子时，身着彝族盛装的乡亲们唱起《留客歌》，给总书记拜年。当年12月31日晚，习近平发表2019年新年贺词。在他办公室的书架上精心摆放的15幅照片中，新增了7幅拍摄于2018年的照片，其中就包括他与火普村乡亲们握手的瞬间。习近平在这次视察中说："我们搞社会主义就是要让人民群众过上幸福美好的生活，全面建成小康社会一个民族、一个家庭、一个人都不能少。我们党从诞生之日起，就以为民族求解放、为人民谋幸福为己任。让人民群众脱贫致富是共产党人始终不渝的奋斗目标。""全面建成小康社会最艰巨繁重的任务在贫困地区，特别是在深度贫困地区，无论这块硬骨头有多硬都必须啃下，无论这场攻坚战有多难打都必须打赢。"①

---

① 《人民日报》2018年2月15日。

总书记还为当地脱贫攻坚工作开出良方：

——继续加大易地扶贫搬迁力度，让住在大山深处的彝族同胞搬进安全舒适的新居，解决他们交通出行的难题；

——发展适合当地生态条件的种植养殖业。随着基础条件改善，乡村旅游也可以发展起来；

——加强对村民的实用技术和职业技能培训，让大家掌握一技之长，能够通过发展生产和外出务工稳定增加收入；

——最重要的，教育必须跟上，决不能再让孩子输在起跑线上。①

2018年5月31日，中央政治局会议审议通过《关于打赢脱贫攻坚战三年行动的指导意见》，指出，未来三年，还有三千万左右农村贫困人口需要脱贫。我们必须清醒认识打赢脱贫攻坚战面临的困难和挑战，切实增强责任感和紧迫感，再接再厉、精准施策，以更有力的行动、更扎实的工作，集中力量攻克贫困的难中之难、坚中之坚，确保坚决打赢脱贫这场对如期全面建成小康社会、实现第一个百年奋斗目标具有决定性意义的攻坚战。

扶贫工作是全面建成小康社会的短板，广大农村地区是全面小康建成工作的重点，而贫困地区的贫困群众脱贫则毫无疑问是关键。

邓小平在1985年就指出："我们奋斗了几十年，就是为了消灭贫困。第一步，本世纪末，达到小康水平，就是不穷不

---

① 《人民日报》2018年2月15日。

富,日子比较好过的水平。第二步,再用三五十年的时间,在经济上接近发达国家的水平,使人民生活比较富裕。这是大局。"①习近平总书记常说:"小康不小康,关键看老乡"②,"没有贫困地区的小康,没有贫困人口的脱贫,就没有全面建成小康社会。我们不能一边宣布实现了全面建成小康社会目标,另一边还有几千万人口生活在扶贫标准线以下。如果是那样,就既影响人民群众对全面建成小康社会的满意度,也影响国际社会对全面建成小康社会的认可度"③。贫困人口实现脱贫是全面建成小康社会的标志性指标之一。先脱贫才能缩小收入差距,才能向共享发展靠近。在很长一段时间里,全面脱贫始终作为全面建成小康社会和促进共享发展最艰巨、最紧迫的任务。到2020年我国现行标准下农村贫困人口实现脱贫,是党对人民作出的郑重承诺,习总书记在当时指出,做好这项工作必须"立下愚公移山志,咬定目标、苦干实干","坚决打赢脱贫攻坚战,确保到2020年所有贫困地区和贫困人口一道迈入全面小康社会"④。之后,我们还要"巩固脱贫攻坚成果,建立解决相对贫困的长效机制"⑤,以实现脱贫、缩小收入差距为突破

---

① 《邓小平文选》第3卷,人民出版社1993年版,第109页。

② 《十八大以来重要文献选编》(上),中央文献出版社2014年版,第658页。

③ 《习近平关于协调推进"四个全面"战略布局论述摘编》,中央文献出版社2015年版,第47页。

④ 《习近平谈治国理政》第2卷,外文出版社2017年版,第83页。

⑤ 《中共中央关于坚持和完善中国特色社会主义制度 推进国家治理体系和治理能力现代化若干重大问题的决定》,人民出版社2019年版,第27页。

口，以维护社会公平正义为价值取向，以推进区域、城乡基本公共服务均等化为手段，努力实现共同富裕的目标。

党的十九大报告提出："从现在到二〇二〇年，是全面建成小康社会决胜期。""特别是要坚决打好防范化解重大风险、精准脱贫、污染防治的攻坚战，使全面建成小康社会得到人民认可、经得起历史检验。"[①]到2020年2月底，我国脱贫攻坚任务接近完成。贫困人口从2012年年底的9899万人减到2019年年底的551万人，贫困发生率由10.2%降至0.6%，连续7年每年减贫1000万人以上。2013年至2019年，832个贫困县农民人均可支配收入由6079元增加到11567元，年均增长9.7%，比同期全国农民人均可支配收入增幅高2.2个百分点。全国建档贫困户人均纯收入由2015年的3416元增加到2019年的9808元，年均增幅30.2%。贫困群众"两不愁"质量水平明显提升，"三保障"突出问题总体解决。

习近平总书记于2020年3月6日指出，我国"区域性整体贫困基本得到解决"[②]。当年12月3日，中央政治局常务委员会召开会议，听取脱贫攻坚总结评估汇报。习近平总书记在会上指出，党的十八大以来，党中央团结带领全党全国各族人民，把脱贫攻坚摆在治国理政的突出位置，充分发挥党的领导和我国社会主义制度的政治优势，采取了许多具有原创性、独特性的重大举措，组织实施了人类历史上规模最大、力度最强的脱

---

① 《十九大以来重要文献选编》（上），中央文献出版社2019年版，第19、20页。

② 习近平在决战决胜脱贫攻坚座谈会上的讲话，新华社2020年3月6日电。

贫攻坚战。经过8年持续奋斗，我们如期完成了新时代脱贫攻坚目标任务，现行标准下农村贫困人口全部脱贫，贫困县全部摘帽，消除了绝对贫困和区域性整体贫困，近1亿贫困人口实现脱贫，取得了令全世界刮目相看的重大胜利。脱贫攻坚的重大胜利，为实现第一个百年奋斗目标打下坚实基础，极大增强了人民群众获得感、幸福感、安全感，彻底改变了贫困地区的面貌，改善了生产生活条件，提高了群众生活质量，"两不愁、三保障"全面实现。在脱贫攻坚实践中，党中央坚持人民至上、以人为本，把贫困群众和全国各族人民一起迈向小康社会、一起过上好日子作为脱贫攻坚的出发点和落脚点。习近平总书记在《二〇二一年新年贺词》中指出："我们向深度贫困堡垒发起总攻，啃下了最难啃的'硬骨头'。""2020年，全面建成小康社会取得伟大历史性成就，决战脱贫攻坚取得决定性胜利。"[①]

---

① 《人民日报》2021年1月1日。

4. 推进乡村振兴

习近平总书记多次强调:"一定要看到,农业还是'四化同步'的短腿,农村还是全面建成小康社会的短板。中国要强,农业必须强;中国要美,农村必须美;中国要富,农民必须富。农业基础稳固,农村和谐稳定,农民安居乐业,整个大局就有保障,各项工作都会比较主动。"①

人类自诞生起,就依赖于土地;对于现代社会,农业依然是一切的基础,而土地问题始终是农业制度的核心。

在人类发展史上,农民与土地关系的变化,其影响不仅局限于农村,更在一定程度上决定了整个社会的形态。"我们党成立以来就一直把依靠农民、为亿万农民谋幸福作为重要使命。"②新民主主义革命时期,党领导农民"打土豪、分田地",带领亿万农民求解放,为革命胜利提供了重要力量。社会主义革命和建设时期,党领导农民开展互助合作,发展集体

---

① 《十八大以来重要文献选编》(上),中央文献出版社2014年版,第658页。

② 《中国共产党农村工作条例》,人民出版社2019年版,第17页。

经济，大兴农田水利，大办农村教育和合作医疗，对改变农村贫穷落后面貌作了不懈探索，虽历经波折，但取得了了不起的成就。改革开放，党领导农民率先拉开了改革序幕。家庭联产承包责任制打响了农村改革第一枪。确立小康目标以来，实行家庭承包经营为基础、统分结合的双层经营体制，乡镇企业异军突起，农民工进城打工，统筹城乡发展，改善农村基础设施，发展农村社会事业，农业农村发生了翻天覆地的巨变。到80年代中期，"联产承包责任制和农户家庭经营长期不变"最终确定，"突破"得以完成。而此时，第一阶段农村改革的成效已经非常显著。除了数亿农民实现温饱，农业生产、社会供给显著提高，还为1984年开始的以城市为中心的全面经济体制改革提供了坚实的物质基础、人力资源、精神动力和宝贵经验。

1985年1月1日，中央发出《关于进一步活跃农村经济的十项政策》，也就是1985年的一号文件，其中第一条就是取消农产品统派购制度，并规定"任何单位都不得再向农民下达指令性生产计划"。这标志着农产品和农业生产资料流通领域的改革启动，向计划经济基本制度之一的统购统销发起冲击。

随着全面改革的开启，农村改革的内涵也发生很大变化。

首先，此时的改革目的已经不是解决温饱，而是实现第一步改革后农村的持续发展。其次，上一阶段土地承包到户赋予了农民在生产环节的完全自主权，而本阶段的改革使农民可以在市场上自主出售农产品，使其在整个经济链条上成为完整的自主经营者。最后，在这两点的基础上，本阶段农村改革呈现出与新生的社会主义商品经济相互"磨合"的显著特征。

国务院1985年制定《国民经济和社会发展计划（草案）》，将农副产品计划收购项目减到10种。同时，全面改革中的价格改革已经启动，4月12日全国物价会议决定放开生猪收购和销售价格，6月1日又放开大中城市的蔬菜供应价格。在此影响下，大部分农产品成为自由商品，其价格普遍上升。由于国家给予补贴，当时没有出现明显的社会波动，而是促进了城乡集市贸易的快速发展和农民收入的提升。

配套的改革措施还有多项。1985年5月17日，农业税由收粮食实物改为折征代金。1987年，全国开始试行农村基层村民自治制度，农民自主权实现了由经济向政治的过渡。这些都为进一步的农村改革和经济发展提供了保障。

不过，伟大的事业从不是一帆风顺的。1984年，由于农业生产的迅速发展，粮食等一大批农产品出现积压、销售难的问题，以至于国家的财政、信贷、补贴、仓容都无法承受，适应于短缺经济时代的统购统销制度因此必须取消。1985年以后，我国粮食产量出现徘徊，农村经济增长陷入困境。这是当时多种因素综合影响的结果。农村改革转入商品经济方向后，在制度、结构、环境、观念等方面都有更新换代的问题，其间发生的困难和摩擦也为数不少。同时，农村改革与城市改革在本阶段已经紧密地结合在一起，但在步调上不够协调，所以都出现过一定程度的波动甚至挫折。

以1992年春天邓小平发表南方谈话和秋天党的十四大召开为标志，我国明确了社会主义市场经济的改革目标，农村改革也进入了与整个社会主义市场经济体制相结合的转型时期。此时农村改革的主线包括三个方面：

第一，进一步夯实家庭联产承包责任制的基础。经过10余年实践检验，家庭联产承包责任制显示出强大的生命力和适应性，稳定农村基本经营制度长期不变已经深入人心。同时，涌现出大量以家庭承包为基础的农业产业化形式。1993年，家庭承包责任制被正式列入宪法。同年，国务院决定农村耕地的承包期在原有15年的基础上再延长30年。1998年，江泽民视察小岗时提出，土地承包关系"30年不变，30年后更没有必要变"。1999年1月开始实行的《土地管理法》明确规定：农户承包土地的期限为30年。

第二，适应社会主义市场经济发展的需要，农村二、三产业蓬勃发展，产品调整、企业重组、产权流转开始成为农村改革发展潮流。这一阶段，农村经济运行的组织化、有序化程度大幅提高，适应市场经济的各种经济组织、股份合作化的多种形式成为农村经济的重要力量，出现了农村经济向按照现代市场经济规则运行发展的态势。1978年农村对城市的直接零售额只有31.1亿元，1997年已达到3674.5亿元。1997年通过城乡集市贸易实现的社会消费品零售总额占全部社会消费品零售总额的60%以上，其中农副产品总额占到社会消费品零售总额的30%，这两个比例在1978年分别只有不到10%和6.8%。

第三，农业经济的宏观调控加强，粮食生产综合能力迈上新台阶。1993年中央加强经济宏观调控，1994年、1996年两次大幅提高粮食定购价格，总提价幅度达到102%，还实行按保护价敞开收购农民余粮的政策。农业科技进步的带动作用也日趋明显，良种统一供给、地膜覆盖、间作套种、设施农业、节水农业、旱作农业和农田机械作业等在本阶段都有很大发展，单位面积产量明显提高。1998年，谷物亩产比1992年提高14%，达到660.4斤，粮食总产量增加15.7%。

农村工作有成绩，也有矛盾和困难。

从1995年到1999年粮食连续5年丰收，其中有3年粮食产量超过10000亿斤。从消费者的角度看，粮食充裕，价格便宜，按当时观念这意味着农业形势很好。但这个阶段却是农民收入增长最困难时期，农民收入增长幅度持续下降，尤其是来自农业的收入绝对额减少，使农民发展农业生产的积极性受挫。20世纪末，农民负担重是反映最强烈的问题之一。中央高度重视减轻农民负担，一再重申贯彻执行减轻农民负担的各项政策，取得一定成效。但是，乱收费、乱集资、乱罚款和乱摊派屡禁不止，税费层层加码、巧立名目搭车收费的违规现象依然存在，一些地方还在进行不切实际的达标升级。改革开放初期，我国农村贫困发生率为97.5%，这个数字到20世纪末下降很多，但中西部农村贫困发生率仍然在60%以上，贫困人口仍占多数。回首21世纪之初，我国总体小康目标实现，综合国力明显提升，但与新的全面小康的要求还有很大差距，城乡二元体制持续、"三农"问题突出就是重要表现。

针对这种情况，2000年的十五届五中全会提出"巩固和加强农业的基础地位"，并明确：在农业、农村经济发展的新阶段，农村经济工作的根本任务就是要推动战略性的结构调整；

同时要"千方百计增加农民收入"。2002年，党的十六大首次提出统筹城乡经济社会发展，反映了发展理念的重要变化。减轻农民负担，增加农民收入，统筹城乡发展，进入综合改革，是本阶段农村改革的主线。2003年中央农村工作会议提出，全面建设小康社会，重点和难点都在农村，要把"三农"工作作为全党工作的重中之重。2003年中央在关于农业农村工作意见中，要求对农业实行"多予、少取、放活"的方针。2003年10月，党的十六届三中全会通过的《关于完善社会主义市场经济体制若干问题的决定》，按照统筹城乡发展、统筹区域发展、统筹经济社会发展、统筹人与自然和谐发展、统筹国内发展和对外开放的要求，提出了完善社会主义市场经济体制的7大目标和任务，其中第二个就是建立逐步改变城乡二元经济结构的体制。2004年，胡锦涛在十六届四中全会上提出"两个趋向"的重要论断："综观一些工业化国家发展历程，在工业化初始阶段，农业支持工业、为工业提供积累是带有普遍性的趋向；但在工业化达到相当程度以后，工业反哺农业、城市支持农村，实现工业与农业、城市与农村协调发展，也是带有普遍性的趋向。"[①] "两个趋向"的判断是这一时期处理我国工农和城乡关系的重要指导思想。习近平同志在次年2月就指出："胡锦涛总书记关于'两个趋向'的重要论断，立意高远，内涵深刻，对于我们正确把握进入以工促农、以城带乡新阶段后的经济社会发展规律特别是'三农'工作的客观规律，具有重大的指导意

[①] 《胡锦涛文选》第2卷，人民出版社2016年版，第247页。

义。"①

为了从根本上解决问题，1993年开始，河北、湖南、安徽等地探索农村税费制度的改革途径。2000年，中央决定在安徽全省进行农村税费改革试点。2001年，江苏省自主在全省范围实施改革试点。2002年，国务院确定河北、内蒙古、黑龙江、吉林、江西、山东、河南、湖北、湖南、重庆、四川、贵州、陕西、甘肃、青海、宁夏16个省市为扩大农村税费改革试点。改革的主要内容是：取消乡统筹和农村教育集资等专门面向农民征收的行政事业性收费和政府性基金、集资；取消屠宰税；3年内逐步取消统一规定的劳动积累工和义务工；调整农业税政策，调整农业特产税政策；改革村提留征收使用办法，即"三取消、两调整、一改革"。据安徽省统计，改革后农民负担水平平均减轻25%以上。

2003年，在试点基础上，农村税费改革在全国全面推开。税费改革规范了农村税费制度和征收方式，有效遏制农村"三乱"，深受农民欢迎。2004年，中央加大农村税费政策改革力度，决定从当年开始逐步降低农业税税率，并提出5年内全面取消农业税的目标。

取消农业税是减轻农民负担、增加农民收入、推进社会主义新农村建设的重要举措。在当时农民收入水平总体偏低、农民负担过重、国家财政收入结构发生根本变化的情况下，全面取消农业税，使广大农民更多地分享改革开放和现代化建设的

---

① 习近平：《干在实处 走在前列——推进浙江新发展的思考与实践》，中共中央党校出版社2006年版，第147页。

成果，有利于加快构建社会主义和谐社会、维护国家长治久安，有利于全面建设小康社会。

取消农业税是巩固和加强农业基础地位，增强农业竞争力，提高农业综合生产能力的重大措施。随着我国加入世贸组织过渡期结束和市场化改革的深入，我国农业面临着严峻的挑战。取消农业税，有利于进一步增加农业生产投入，提高农业综合生产能力和农产品的国际竞争力，促进农村经济健康发展。

取消农业税是逐步消除城乡差别、促进城乡统筹发展的客观需要。取消农业税，有利于加快公共财政覆盖农村的步伐，逐步实现基层政权运转、农村义务教育等供给由农民提供为主向政府投入为主的根本性转变；有利于促进城乡税制的统一，推进工业反哺农业、城市支持农村；有利于落实科学发展观和统筹城乡发展。

而且，到2006年这个时间节点，全面取消农业税的时机也已成熟，国家财政已经具备了这样的承受能力和良好的工作基础。经过20多年的改革开放和小康社会建设，国家财政实力不断增强，财政收入稳定增长的机制已经基本形成，农业税占国家财政收入的比重不断下降，取消农业税对财政减收的影响不大。另外，对取消农业税减少地方财政收入，中央财政已做出安排，2005年减免农业税中央财政安排转移支付356亿元，为农村税费改革和全面取消农业税提供了财力保证。加上自主决定免征农业税的20个省份，2005年全国实际免征农业税的省份达到28个，也为取消农业税积累了工作经验。

因此，2005年12月，十届全国人大常委会第19次会议决定，自2006年1月1日起废止《农业税条例》，取消除烟叶以外的农业特产税、全部免征牧业税，取消农业税的设想提前2年实现。

《农业税条例》是1958年开始施行的，我国长时间实行的农业税实际上包括农业税、农业特产税和牧业税。《农业税条例》实施了近50年时间，对于正确处理国家与农民的分配关系、发展农业生产、保证国家掌握必要的粮源、保证基层政权运转等发挥了重要的积极作用。2006年1月1日，我国正式废止《农业税条例》，取消除烟叶以外的农业特产税、全部免征牧业税。延续2000多年的农业税退出了历史舞台，这对我们切实改善农民生活、我国真正实现农业现代化具有划时代意义。

对党的十六大以来我国陆续出台的保护和扶持农业发展一系列政策措施，有一个"三减免、三补贴"的统称："三减免"指减免农业税，取消除烟叶以外的农业特产税，全部免征牧业税；"三补贴"指对种粮农民实行直接补贴，对部分地区农民实行良种补贴和农机具购置补贴。2006年全面取消征收农业税后，与税费改革前的1999年相比，农民年人均减负120元左右，年减负总额超过1000亿元。我国农村改革开始了以乡镇机构、农村义务教育和县乡财政管理体制改革为主要内容的综合改革。例如，2004年到2007年，党中央、国务院实施了在我国西部地区基本普及九年义务教育、基本扫除青壮年文盲攻坚计划，简称"两基攻坚"计划，也称"两基攻坚"工程。该计划如期完成，主要目标全部实现。而农村综合改革的一个基本特点是大力推动城乡经济社会一体化发展。

2004年,党中央发出《关于促进农民增加收入若干政策的意见》,在新中国历史上,这是第一次专门制定促进农民增收的文件,也是时隔18年之后,重新把关于农村工作的文件定为中央一号文件。其中包括对种粮农民进行直接补贴,减轻农业税费负担,对重点农产品实行最低收购价制度,引导我国粮食生产和农民增收出现转机,当年即增产粮食700多亿斤。从这年开始直到现在,党中央连续发布指导"三农"工作的一号文件,不断加大"三农"投入,形成比较完善的强农惠农富农政策体系。

2006年的中央一号文件《关于推进社会主义新农村建设的若干意见》,具有纲领性的作用。新中国成立以来,我们党对建设社会主义新农村进行了不懈探索,在不同时期曾多次提出过建设社会主义新农村的任务和要求。特别是进入20世纪80年代后,伴随着农村改革推进,党中央再次提出建设社会主义新农村,并不断丰富其内涵。2005年1月,党的十六届五中全会通过的《关于制定国民经济和社会发展第十一个五年规划的建议》提出了建设社会主义新农村的目标和任务,紧接着在相继召开的中央经济工作会和农村工作会上又专门就建设社会主义新农村的问题进行部署,随后就是2006年中央一号文件的正式发布。这之后,在北京举办省部级领导建设社会主义新农村的研讨班,胡锦涛、温家宝授课。在半年多的时间内,如此高强度来部署社会主义新农村问题,在我们党的历史上是不多见的。

建设社会主义新农村并不是新的概念,但此次进一步明确提出，既是同我们党改革开放以来提出的农村改革发展目标在战略思想上一脉相承，都是为了促进农业和农村发展、改善农民生活，促进国家经济社会发展、保持社会稳定，同时又有着鲜明的时代特征。这一点最突出地表现为：在这个历史时期，我国总体上已进入以工促农、以城带乡的发展阶段，在统筹城乡经济社会发展的前提下，通过实行"工业反哺农业、城市支持农村"的方针推进社会主义新农村建设，具有很强的现实针对性。

从思路看，这次强调建设社会主义新农村，是要贯彻科学发展观，统筹城乡发展，推动农村全面小康建设进程，指导方针更明确。从背景看，这次强调建设社会主义新农村，是在我国经济实力不断增强、农村生产力持续发展、农村经营体制日趋完善的新形势下提出的，发展起点更高。从目标看，这次强调建设社会主义新农村，提出了生产发展、生活宽裕、乡风文明、村容整洁、管理民主的总体要求，体现了经济建设、政治建设、文化建设、社会建设和党的建设协调统一的发展要求，工作布局更全。从方式看，这次强调建设社会主义新农村，明确要加大国家投入，实行工业反哺农业、城市支持农村，并动员全社会广泛参与，扶持力度更大。总之，这次强调建设社会主义新农村，是对我们党长期以来，特别是改革开放以来重视"三农"问题的战略思想的继承和发展，是面对新的形势加强"三农"工作、更好推进全面建设小康社会进程和现代化建设的战略举措。

建设社会主义新农村是一项重大历史任务，要实现这一伟大历史任务，根本途径就是要统筹城乡经济社会发展，把加大政府支持力度与激发农村内部活力结合起来，把加快农村经济发展与促进农村社会进步结合起来，把遵循客观规律与尊重农民意愿结合起来。"生产发展、生活宽裕、乡风文明、村容整洁、管理民主"，是建设社会主义新农村的总要求。这20个字，体现了我国广大农民群众的根本利益和强烈愿望，涵盖了这一个时期"三农"工作的主要方面。

在社会主义新农村建设的进程中，党中央关于农业问题的指导思想愈发明确。

2007年，党的十七大对加快形成新型工农城乡关系提出明确要求："建立以工促农、以城带乡的长效机制，形成城乡经济社会发展一体化新格局"[①]。十七大报告还提出要走中国特色农业现代化道路。农业现代化是解决中国农民和农村问题的关键，也是中国农业的根本出路。中国的农业现代化既有与其他国家农业现代化相似的一面，如都需要用现代科学技术引领农业发展，但也有中国自己的特点，我们不能照搬照抄国外的模式，必须走出一条有中国特色的农业现代化道路。2008年9月，胡锦涛在农村改革发展问题座谈会上总结了30年农村改革发展的成功经验，再次强调"统筹城乡经济社会发展"。同年，党的十七届三中全会也指出，我国总体上已进入以工促农、以城带乡的发展阶段，进入加快改造传统农业、走中国特色农业现代化道路的关键时刻，进入加速破除城乡二元结构、

---

① 《胡锦涛文选》第2卷，人民出版社2016年版，第547页。

形成城乡经济社会发展一体化新格局的重要时期。这次全会通过的《关于推进农村改革发展若干重大问题的决定》，从加强农村制度建设、积极发展现代农业、加快发展农村公共事业等方面进行了部署，其中除了强调现有土地承包关系保持稳定和长久不变外，还鼓励土地实行流转，成为下一阶段推进农村改革发展的重要指导。

2010年10月，党中央在《关于制定国民经济和社会发展第十二个五年规划建议的说明》中进一步指出："我国人均耕地、淡水拥有量大大低于世界平均水平，农业受自然资源约束日益凸显，靠增加自然资源投入来提高农产品产出的空间越来越小。根本出路在于走中国特色农业现代化道路，加快转变农业发展方式，推进农业科技进步，提高农业综合生产能力、抗风险能力、市场竞争力。"[1]在正确的道路指引下，到2012年，我国农村综合改革、集体林权制度改革均取得重要进展，粮食连续8年增产，农民收入连续8年较快增长，13亿人口的中国从容置身于国际粮食危机冲击之外，这成为中国特色社会主义进入新时代的重要基础。

党的十八大以来，全面深化改革如火如荼，在农村改革领域，加快推进农业现代化，加快建设美丽宜居乡村，深入推进城乡发展一体化，一系列改革措施密集出台。以习近平总书记为核心的党中央坚持把解决好"三农"问题作为全党工作重中之重，统筹工农城乡，着力强农惠农，引领我国"三农"发展

---

[1] 《十七大以来重要文献选编》（中），中央文献出版社2011年版，第960页。

取得历史性成就。

2018年2月，在中央农村工作会议上习近平总书记回顾："在2013年12月召开的中央农村工作会议上，我就做好'三农'工作讲了5个问题。2016年4月我在安徽凤阳县小岗村主持召开的农村改革座谈会上，就推进农村改革发展讲了3个问题。这些问题对当前和今后一个时期的'三农'工作仍然是适用的。"这两次会议在我国农村改革和发展的历史进程中发挥了重要的作用。

习近平总书记在2013年12月中央农村工作会议上讲的5个问题包括："关于确保我国粮食安全""关于坚持和完善农村基本经营制度""关于农产品质量和食品安全""关于'谁来种地'""关于加强农村社会管理"。他在2016年4月在安徽小岗村召开农村改革座谈会上谈的3个问题则是："坚定不移深化农村改革""坚定不移加快农村发展""坚定不移维护农村和谐稳定"。可以看出，两次讲话的最后一点基本一致，而其他各点则各有侧重，相互补充，共同构成了一个完整的农村发展和改革指导思想体系。

处理好农民与土地的关系，始终是农村改革的主线，改革由此开启，今天仍是关键。

随着我国深入推进工业化、信息化、城镇化和农业现代化，农村劳动力大量转移，新型农业经营主体不断涌现，土地流转和适度规模经营已成为必然趋势。2013年，习近平总书记在中央农村工作会议上指出："顺应农民保留土地承包权、流转土地经营权的意愿，把农民土地承包经营权分为承包权和经营权，实现承包权和经营权分置并行,这是我国农村改革的又一次重大创新。"①2016年,中央正式确立农村承包地坚持集体所有权、稳定农户承包权、放活土地经营权的"三权分置"。这是继家庭联产承包责任制后我国农村改革的又一大创新,为推动农村进一步改革和发展奠定了坚实基础。

党的十八大以来,出台的改革措施和进行的新鲜试验非常多。十八大,十八届三中、五中全会,多个中央一号文件,都高度重视农村改革。从十八大到十九大的5年间,习近平总书记主持召开39次中央深改小组会议,其中19次涉及农村改革议题,审议了28项涉农改革方案。58个农村改革试验区围绕中央部署的农村改革试点试验事项展开探索。2014年,中央发文对土地经营权有序流转发展农业适度规模经营进行引导规范。2015年,农业部在黑龙江、江苏等地的7个县区开展土地经营权入股发展农业产业化经营试点。2016年12月,中央发布《关于稳步推进农村集体产权制度改革的意见》,全国逐步推开农村集体产权制度改革。同一时间,全国耕地流转面积达到4.79亿亩,建立了近2万个土地流转服务中心。2017年5月,中央发出《关于加快构建政策体系培育新型农业经营主体的意见》,促进和规范家庭农场、农民合作社、龙头企业等新型经营主体的发展。到2017年6月底,全国已完成确权面积10.5亿亩,占二轮家庭承包耕地面积的76%。

出台的这一系列改革方案,其中的重点包括:推进农村集体

---

① 《习近平关于全面深化改革论述摘编》,中央文献出版社2014年版,第66页。

资产确权到户和股份合作制改革，发展多种形式股份合作，赋予农民对集体资产更多权能，赋予农民更多财产权利；构建新型农业经营体系，推动家庭经营、集体经营、合作经营、企业经营共同发展，提高农业经营集约化、规模化、组织化、社会化、产业化水平；推进供销合作社综合改革，按照为农服务宗旨和政事分开、社企分开方向，把供销合作社打造成为同农民利益联结更紧密、为农服务功能更完备、市场运作更有效的合作经营组织体系；健全农业支持保护制度，完善农产品价格形成机制，完善农产品市场调控制度，完善农业补贴制度，加快形成覆盖全面、指向明确、重点突出、措施配套、操作简便的农业支撑保护制度；推进户籍制度改革，促进有能力在城镇稳定就业和生活的农业转移人口有序实现市民化，推动城乡劳动者平等就业、同工同酬。健全城乡发展一体化体制机制，推动城乡生产要素平等交换和公共资源均衡配置，加快形成以工促农、以城带乡、工农互惠、城乡一体的新型工农城乡关系。这一系列改革方案，"作出了长远性、战略性制度安排，农村改革'四梁八柱'基本建立起来了"[①]。

农业科技的自主创新能力也进一步提高，成果转化进一步加快，体制机制改革进一步深化。2016年，我国农业科技进步贡献率已经超过了56%；主要农作物耕种收综合机械化率超过65%；主要农作物良种覆盖率稳定在96%。在农业供给侧改革、"厕所革命"等方面，更是取得显著的成效。到2017年，我国农业农村发展的外部环境和内在动因发生了深刻变化，农

---

① 《党的十九大报告辅导读本》，人民出版社2017年版，第211页。

业农村发展已进入"结构升级、方式转变、动力转换"的阶段。这一年又是一个丰收年，夏粮产量2810亿斤，同比增加0.9%。更重要的是，前三季度我国农村居民人均可支配收入达到9778元，同比增长7.5%，分别高于GDP增速和城镇居民收入增速0.6和0.9个百分点，城乡居民人均收入倍差2.81。其中，三季度末农村外出务工劳动力总量17969万人，同比增长1.8%；外出务工农村劳动力月均收入为3459元，同比增长7%。这些成绩为新的农村改革战略的提出打下了坚实基础。

2017年10月，党的十九大召开，习近平总书记代表中央正式提出实施乡村振兴战略。

党的十九大报告指出："农业农村农民问题是关系国计民生的根本性问题，必须始终把解决好'三农'问题作为全党工作重中之重。要坚持农业农村优先发展，按照产业兴旺、生态宜居、乡风文明、治理有效、生活富裕的总要求，建立健全城乡融合发展体制机制和政策体系，加快推进农业农村现代化。巩固和完善农村基本经营制度，深化农村土地制度改革，完善承包地'三权'分置制度。保持土地承包关系稳定并长久不变，第二轮土地承包到期后再延长三十年。深化农村集体产权制度改革，保障农民财产权益，壮大集体经济。确保国家粮食安全，把中国人的饭碗牢牢端在自己手中。构建现代农业产业体系、生产体系、经营体系，完善农业支持保护制度，发展多种形式适度规模经营，培育新型农业经营主体，健全农业社会化服务体系，实现小农户和现代农业发展有机衔接。促进农村一二三产业融合发展，支持和鼓励农民就业创业，拓宽增收渠道。加强农村基层基础工作，健全自治、法治、德治相结合的乡村治理体系。培养造就一支懂农业、爱农村、爱农民的'三农'工作队伍。"①

乡村振兴战略横空出世，标志我国农村改革事业进入全新阶段。

乡村振兴战略与科教兴国战略、人才强国战略、创新驱动发展战略、区域协调发展战略、可持续发展战略、军民融合发展战略并列为决胜全面建成小康社会、开启全面建设社会主义现代化国家新征程需要坚定实施的7大战略。农业农村发展也同教育、就业一起处于优先发展的战略位置。其中还明确了"保持土地承包关系稳定并长久不变，第二轮土地承包到期后再延长三十年"。乡村振兴第一次被提升至国家战略高度，并写入党章。"产业兴旺、生态宜居、乡风文明、治理有效、生活富裕"，这是乡村振兴战略在社会主义新农村建设基础上提出的更高要求，是当前农村改革的主题。

按照乡村振兴战略的总要求，我们需要建立健全城乡融合发展体制机制和政策体系，加快推进农业农村现代化。在实践中推进乡村振兴，根本要靠深化农村改革。我们要继续深化农村土地制度改革、农村集体产权制度改革和完善农业支持保护制度，确保国家粮食安全，构建产业体系、生产体系、经营体系这现代农业的三大体系，调整农业结构，促进农村一二三产业融合发展，发展多种形式适度规模经营，实现小农户和现代农业发展有机衔接，健全自治、法治、德治相结合的乡村治理

---

① 《中国共产党第十九次全国代表大会文件汇编》，人民出版社2017年版，第25—26页。

体系，加强"三农"工作队伍建设，以满足农民群众对美好生活的需要为根本目标，使乡村振兴战略为全面建成小康社会、全面建设社会主义现代化强国发挥重要作用。

我国的农村改革，核心是土地，基本经验首先在于解放思想、实事求是和维护农民权益。在当前贯彻实施乡村振兴战略的最新实践中，我们面临的困难和挑战还有很多。何以解忧？唯有改革！习近平总书记指出："开弓没有回头箭，改革关头勇者胜。"[①]如同当年的"一声惊雷"，新一轮农村改革为决胜全面建成小康社会、实现中国特色农业现代化增添了一抹更加亮丽的色彩。

---

① 《人民日报》2015年1月1日。

5. 树立文化自信

幸福的小康生活。物质生活丰富了，对文化生活的需求就更高更迫切了。不断满足人民日益增长的文化需要，切实保障人民的文化权益，推动文化的大发展、大繁荣，是全面建成小康社会的重要内容。

全面建成小康社会对发展文化事业提出了迫切要求。如果说小康社会和以往的传统社会有什么不同的话，其中一个重要的特点就是中国人民从来没有像今天这样对文化的需求如此迫切和强烈。如今，随便找一个家庭算算账，文化消费的比重一定比以前大得多，还很可能是比重最大的。所以，全面建成小康社会，必须要有文化的大发展大繁荣。反之，没有文化的大发展大繁荣，不可能全面建成小康社会，更谈不上在现代化道路上快速前进。

小康中国的文化发展和繁荣应当建立在满足人民需求之上。早在1942年，毛泽东在《在延安文艺座谈会上的讲话》中就鲜明地提出："我们的文学艺术都是为人民大众的。"[①] "文

[①] 《毛泽东选集》第3卷，人民出版社1991年版，第863页。

化大革命"中，我国文化事业遭受毁灭性的打击。改革开放，"小康"目标确定后，随着文化事业的恢复与发展，1979年10月30日，邓小平在中国文学艺术工作者第四次代表大会上发表祝辞，其中提出了在改革开放时期我国文学艺术事业发展的一系列指导方针，明确了文化体制改革的任务和目标。他提出："党对文艺工作的领导，不是发号施令，不是要求文学艺术从属于临时的、具体的、直接的政治任务，而是根据文学艺术的特征和发展规律，帮助文艺工作者获得条件来不断繁荣文学艺术事业，提高文学艺术水平，创作出无愧于我们伟大人民、伟大时代的优秀的文学艺术作品和表演艺术成果。""文艺这种复杂的精神劳动，非常需要文艺家发挥个人的创造精神。写什么和怎样写，只能由文艺家在艺术实践中去探索和逐步求得解决。在这方面，不要横加干涉。"[①]1997年，江泽民在党的十五大报告中阐发了党在社会主义初级阶段的基本纲领，提出了建设有中国特色社会主义的文化战略任务。

随着改革开放的深入发展和小康社会初步形成、文化体制改革的逐渐展开，文化在整个社会中的比重越来越大、作用越来越重要。

文化建设要与时俱进，这是全面小康的要求。党的十六大第一次将文化分成文化事业和文化产业，强调要积极发展文化事业和文化产业。十六大报告提出："发展各类文化事业和文化产业都要贯彻发展先进文化的要求，始终把社会效益放在首

---

① 《邓小平文选》第2卷，人民出版社1994年版，第213页。

位。""完善文化产业政策,支持文化产业发展,增强我国文化产业的整体实力和竞争力。"①十六大之后,中央对文化建设高度重视,围绕加强社会主义核心价值体系建设,提出"推动社会主义文化大发展大繁荣"的新要求,并制定了《关于深化文化体制改革推动社会主义文化大发展大繁荣若干重大问题的决定》。胡锦涛特别强调:"必须坚持面向基层、面向群众,把满足人民基本文化需求作为社会主义文化建设的基本任务,鼓励创作生产更多受到群众欢迎的文化产品,让文化发展成果惠及全体人民。"②通过改革,文化领域整体面貌和发展格局焕然一新,文化建设开创了新局面,初步走出了一条中国特色社会主义文化发展道路。这条道路是中国特色社会主义道路的重要组成部分,是一条科学发展、改革创新的文化强国之路。

2012年,党的十八大报告强调"让人民享有健康丰富的精神文化生活,是全面建成小康社会的重要内容"③,并进一步提出"坚持社会主义先进文化前进方向,树立高度的文化自觉和文化自信,向着建设社会主义文化强国宏伟目标阔步前进"④。党的十八大以来,在以习近平总书记为核心的党中央坚强领导下,按照中央全面深化改革的总体部署,文化体制改革向纵深拓展,取得一系列开拓性的制度创新成果,文化体制改革主体框架基本确

---

① 《十六大以来重要文献选编》(上),中央文献出版社2011年版,第31—32页。
② 《胡锦涛文选》第3卷,人民出版社2016年版,第565页。
③ 《胡锦涛文选》第3卷,人民出版社2016年版,第639页。
④ 《胡锦涛文选》第3卷,人民出版社2016年版,第640页。

立，进一步激发了文化创新的创造活力，进一步促进了文化事业和文化产业的发展繁荣。

2013年11月，党的十八届三中全会以"全面深化改革"为主题，在文化体制改革方面，会议通过的《关于全面深化改革若干重大问题的决定》要求"推进文化体制机制创新"。这年年底，国家艺术基金设立，形成国家设立、政府主导、专家评审、面向社会的公益性基金模式，是我国艺术资助评审体制转型的里程碑。以十八届三中全会为标志，新一轮改革大潮已经启动，文化体制改革进入一个新的阶段。

中央随后制定了深化文化体制改革的总体部署。2014年2月28日，习近平总书记主持召开中央全面深化改革领导小组第二次会议，专门审议通过《深化文化体制改革实施方案》（以下简称"《方案》"）。《方案》共列出25项、104条重要改革举措及工作项目，并按照2015年、2017年、2020年三个时间节点明确了进度要求，新一轮文化体制改革开始进入全面实施阶段。中央紧接着出台了一批深化文化体制改革的具体措施。3月19日，由文化部、中宣部、中央编办、中央文明办、发展改革委、教育部、科技部、财政部、新闻出版广电总局等20家成员单位组成的国家公共文化服务体系建设协调组正式成立，标志着国家层面的公共文化服务体系协调机制正式运行；4月16日，《关于印发文化体制改革中经营性文化事业单位转制为企业和进一步支持文化企业发展两个规定的通知》发布；6月19日，财政部、国家发展改革委、国土资源部、住房和城乡建设部、中国人民银行、国家税务总局、新闻出版广电总局联合下发《关于支持电影发展若干经济政策的通知》；等等。一批密集出台的支持政策，为文化产业的提质增速扫除了不少障碍。十八大以来，我国还制定了《加快构建现代公共文化服务体系的指导意见》和《基本公共文化服务保障标准》，新颁布了《网络安全法》《电影产业促进法》和《公共文化服务保障法》，使我国文化领域法律从原来的4部增加到7部。

2014年10月15日，习近平总书记在人民大会堂主持召开文艺工作座谈会，并发表重要讲话。这篇讲话是新形势下我们党关于文艺问题的重要纲领性文献，为当前和今后一个时期党的文艺工作和文化建设指明了方向，体现了党对文艺繁荣发展的殷切期望和更高要求。习近平总书记提出"实现中华民族伟大复兴需要中华文化繁荣兴盛""创作无愧于时代的优秀作品""坚持以人民为中心的创作导向""中国精神是社会主义文艺的灵魂"等重要观点，在"加强和改进党对文艺工作的领导"方面，他指出："一是要紧紧依靠广大文艺工作者，二是要尊重和遵循文艺规律"，"对传统文艺创作生产和传播，我们有一套相对成熟的体制机制和管理措施，而对新的文艺形态，我们还缺乏有效的管理方式方法。这方面，我们必须跟上节拍，下功夫研究解决。要通过深化改革、完善政策、健全体制，形成不断出精品、出人才的生动局面。"如同1942年文艺座谈会，习总书记也鲜明地指出："人民的需要是文艺存在的根本价值所在。能不能搞出优秀作品，最根本的决定于是否能为人民抒写、为人民抒情、为人民抒怀。"①

---

① 《十八大以来重要文献选编》（中），中央文献出版社2016年版，第129页。

我国深化文化体制改革、确立现代化道路上的文化发展方向的一个重大事件是"文化自信"的提出。

2016年，习近平总书记在庆祝中国共产党成立95周年大会上的讲话中专门阐释了文化自信，他指出："文化自信，是更基础、更广泛、更深厚的自信。在5000多年文明发展中孕育的中华优秀传统文化，在党和人民伟大斗争中孕育的革命文化和社会主义先进文化，积淀着中华民族最深层的精神追求，代表着中华民族独特的精神标识。我们要弘扬社会主义核心价值观，弘扬以爱国主义为核心的民族精神和以改革创新为核心的时代精神，不断增强全党全国各族人民的精神力量。"① "坚持不忘初心、继续前进，就要坚持中国特色社会主义道路自信、理论自信、制度自信、文化自信，坚持党的基本路线不动摇，不断把中国特色社会主义伟大事业推向前进。"②

之后，在中国文联十大、中国作协九大开幕式上的讲话中他进一步指出："文化是一个国家、一个民族的灵魂。历史和现实都表明，一个抛弃了或者背叛了自己历史文化的民族，不仅不可能发展起来，而且很可能上演一幕幕历史悲剧。文化自信，是更基础、更广泛、更深厚的自信，是更基本、更深沉、更持久的力量。坚定文化自信，是事关国运兴衰、事关文化安

---

① 习近平：《在庆祝中国共产党成立95周年大会上的讲话》，人民出版社2016年版，第13页。
② 习近平：《在庆祝中国共产党成立95周年大会上的讲话》，人民出版社2016年版，第12页。

全、事关民族精神独立性的大问题。"①这些讲话,将党对社会主义文艺发展规律的认识提升到新的境界。从全局和战略高度,推动我国文化体制改革,促进筑就中华民族伟大复兴时代的文化高峰。

党的十八大以来,我国文化体制改革取得显著成就,对此,习近平总书记总结道:"公共文化服务水平不断提高,文艺创作持续繁荣,文化事业和文化产业蓬勃发展,互联网建设管理运用不断完善,全民健身和竞技体育全面发展。主旋律更加响亮,正能量更加强劲,文化自信得到彰显,国家文化软实力和中华文化影响力大幅提升,全党全社会思想上的团结统一更加巩固。"②

2017年10月,党的十九大召开,关于文化体制改革,习近平总书记提出新的要求:"要深化文化体制改革,完善文化管理体制,加快构建把社会效益放在首位、社会效益和经济效益相统一的体制机制。完善公共文化服务体系,深入实施文化惠民工程,丰富群众性文化活动。加强文物保护利用和文化遗产保护传承。健全现代文化产业体系和市场体系,创新生产经营机制,完善文化经济政策,培育新型文化业态。"③

没有社会主义文化繁荣发展,就没有社会主义现代化。关

---

① 习近平:《在中国文联十大、中国作协九大开幕式上的讲话》,人民出版社2016年版,第12页。
② 《中国共产党第十九次全国代表大会文件汇编》,人民出版社2017年版,第4页。
③ 《中国共产党第十九次全国代表大会文件汇编》,人民出版社2017年版,第35页。

于文化体制改革，习近平总书记特别强调要把握好意识形态属性和产业属性、社会效益和经济效益的关系，始终坚持社会主义先进文化前进方向，始终把社会效益放在首位。无论改什么、怎么改，导向不能改，阵地不能丢。这是当前我国文化体制改革的指导原则。

随着文化体制改革的不断深化，中华文化绽放更加绚烂的光彩、创造更加伟大的辉煌，为全面建成小康社会和实现中华民族伟大复兴中国梦提供强大的价值引领力、文化凝聚力和精神推动力。全面建成小康社会，伴随着中华文化的繁荣兴盛。一个国家、一个民族的强盛，总是以文化兴盛为引领和支撑。中国人正在与时代共同进步，以高度的文化自觉和文化自信，建设中华民族共有的精神家园，创造中华文化新的辉煌。

6. 守护绿水青山

处理好人与自然的关系是人类社会现代化进程中的一个难题，特别是在现代化初级阶段的小康社会，资源与环境问题尤为突出。

环境保护是人类社会永恒的课题。从西方文明的历史进程看，许多国家的现代化都是以牺牲环境为代价换来的，先污染后治理是人类文明的惨痛教训。保护好资源、环境，实行可持续发展战略，是全面建成小康社会的必然要求和重要内容。社会越发展，环境保护越重要。在这个问题上，中国共产党的认识随着改革开放和全面建设小康社会实践的发展不断深化。

建设小康社会，走现代化发展道路，一刻也不能忽视环境保护。

改革开放之初，邓小平就提出，要抓紧制定《森林法》《草原法》《环境保护法》，做到环境保护的法律化。1978年11月，一项被称为中国奇迹、世界奇迹的"三北"防护林工程启动了。中国政府为改善生态环境，在西北、华北北部、东北西部，绵延4480公里的风沙线上，开始了持续至今的、世界最大规模的植树造林活动。1983年，环境保护被列为了中国政府的基本国策。环境保护是一个世界性的难题，需要全世界各个国家的高度重视、共同面对。1987年，挪威女政治家布伦特兰夫人领导的联合国环境和发展委员会，向联合国大会提交了《我们共同的未来》的报告，第一次提出了人类"可持续发展"的问题。1992年，里约热内卢世界环境发展大会正式确立了人类可持续发展战略。中国政府积极响应。20世纪90年代中期，党中央、国务院批准了我国环境与发展十大对策，将"实行持续发展战略"列为十大对策之首。转变发展战略，走持续发展道路，成为我国经济发展、解决环境问题的正确选择。

党的十六大将"可持续发展能力不断增强，生态环境得到改善，资源利用效率显著提高，促进人与自然的和谐，推动整个社会走上生产发展、生活富裕、生态良好的文明发展道路"定为全面建设小康社会的四大目标之一。党的十七大又提出了新的更高要求，将"建设生态文明""成为生态环境良好国家"确定为全面建设小康社会的目标。

在全面建成小康社会的历史进程中，建设生态文明成为中国人民的共同理念，成为全社会共同的责任，成为越来越多社会成员的自觉行动。2012年，中国国家林业局宣布，根据第四次全国荒漠化和沙化监测的结果，中国已持续10年实现荒漠化趋势逆转，2005年至2009年，年均净减少2491平方公里，为世界防治荒漠化事业做出了突出贡献。

但保卫蓝天绿水青山，远远不是仅有荒漠防治这一件事。2013年夏，国家气象局发布的数据显示，当年春季中国内地平均雾霾日数为1961年以来历史同期最多。北京市雾霾日数46天，较常年同期偏多5.5倍，为近60年最多。①环保部的数据还显示，长时间、大范围的雾霾天气，影响全国17个省（市、区），约占国土面积的1/4，受影响人口达6亿。②此时，我国1987年出台的《中华人民共和国大气污染防治法》，在2000年之后没有经过修改，相关规定明显滞后。用13年前修改的法律治理严重的大气污染已明显不合时宜，《大气污染防治法》亟须修改。

解决问题，需要迅速行动。自党的十八大以来，我国相继出台《关于加快推进生态文明建设的意见》《生态文明体制改革总体方案》，制定了40多项涉及生态文明建设的改革方案，从总体目标、基本理念、主要原则、重点任务、制度保障等方面对生态文明建设进行全面系统部署安排。2013年9月10日，国务院印发《大气污染防治行动计划》。2018年6月27日，国务院又发布了《打赢蓝天保卫战三年行动计划》。

"绿水青山就是金山银山"，这是2005年8月时任浙江省委书记的习近平同志在浙江湖州安吉考察时提出的科学论断。

坚持和完善生态文明制度体系，促进人与自然和谐共生。我国实行了最严格的生态环境保护制度，不断健全源头预防、过程控制、损害赔偿、责任追究的生态环境保护体系。为了让生态保护制度不沦为"纸老虎"，我国严明生态环境保护责

---

① 《人民日报》2013年6月5日。
② 生态环境部：《中国空气质量改善报告（2013—2018年）》。

任，施行了最严格的考核问责制度。健全政绩考核制度，大幅增加生态环境考核权重，不唯经济增长论英雄。具体到了"蓝天保卫战"中，将细颗粒物指标作为经济社会发展的约束性指标，作为对领导班子和领导干部综合考评的重要依据。而且，对严重生态破坏的要记录在案，不得转任重要职务或提拔使用，已调离的也要问责，进行终身追责。

我们还强化了执法监督，对各类环境违法行为"零容忍"。强化对大气违法排污、破坏大气环境等行为的执法监察和专项督查。独立开展环境行政执法，健全行政执法与刑事司法衔接，禁止领导干部违法违规干预执法活动。加强基层执法队伍建设，建立起一支生态环境保护铁军。

通过联防联控、区域协同，系统推进污染治理工作。由环保部牵头成立了全国协调机制，避免各自为战。建立了环保和公安部门联动机制，提高环保执法的震慑力。健全跨区域污染防治协调机制，成立了京津冀以及周边地区大气污染防治协作小组，抓好北京和周边地区大气污染防治工作。

经过几年的奋战，2018年，我国首批实施环境空气质量新标准的74个城市PM2.5平均浓度下降42%，二氧化硫平均浓度下降68%。京津冀、长三角和珠三角3个大气污染防治重点区域，PM2.5平均浓度分别比2013年下降了48%、39%和32%。① "蓝天保卫战"初战告捷。

全面小康社会，作为中国共产党带领中国人民创立的一种

---

① 《人民日报》2019年6月6日。

全新的社会形态，在短短的时间里，就以它蓬勃的生机和活力，让14亿人口迅速摆脱了贫困，告别了落后，大踏步赶上了时代的潮流，取得了举世瞩目的人间奇迹。全面建成小康社会的过程中，我国构建起由自然资源资产产权制度等8项制度构成的生态文明制度体系，推进生态文明领域国家治理体系和治理能力现代化，把生态文明建设纳入法治化、制度化轨道。全面建成小康社会的道路由蓝天绿水青山环绕，体现了我们在"污染防治的攻坚战"取得的胜利，中国人民的脚步更加从容而坚定。不断推进生态文明制度化建设，已经成为我国全面深化改革的重要有机组成部分，成为完善和健全社会主义制度的重要内容，也必将全面推进国家治理体系和治理能力的现代化。

俄罗斯国际问题专家亚历山大·萨利茨基说："在某种程度上，正是因为中国，'现代化'的概念才在全世界普及开来。在短短的时间里，中国让现代化具有了最全面和最丰富的形式。"中国特色社会主义进入新时代以后，以习近平同志为核心的党中央团结带领全党全国各族人民砥砺前行、开拓创新，奋发有为推进党和国家各项事业，面对错综复杂的国际形势、艰巨繁重的国内改革发展稳定任务特别是新冠肺炎疫情严重冲击，不仅全面深化改革取得重大突破，全面依法治国取得重大进展，全面从严治党取得重大成果，从而使经济实力、科技实力、综合国力跃上新的大台阶，取得了全面建成小康社会决定性成就，而且加快推进了国家治理体系和治理能力现代化，出台一系列重大方针政策，推出一系列重大举措，推进一系列重大工作，战胜一系列重大风险挑战，解决了许多长期想解决而没有解决的难题，办成了许多过去想办而没有办成的大事，推动党和国家事业取得历史性成就、发生历史性变革，进一步彰显了中国共产党领导和我国社会主义制度优势，促使中国特色社会主义道路这条符合中国实际的正确现代化道路逐步成型。

第六章

定路

迈向现代化国家的道路自信

全面建设现代化国家,来时路给了我们哪些启迪?

1. 小康中国之路是中国特色社会主义道路的重要段落

2021年7月1日，习近平总书记代表中国共产党和中国人民庄严宣告："经过全党全国各族人民持续奋斗，我们实现了第一个百年奋斗目标，在中华大地上全面建成了小康社会，历史性地解决了绝对贫困问题，正在意气风发向着全面建成社会主义现代化强国的第二个百年奋斗目标迈进。这是中华民族的伟大光荣！这是中国人民的伟大光荣！这是中国共产党的伟大光荣！"①

回顾40多年中国小康之路的历程，总结历史，着眼现实，展望未来，我们发现，要真正贯彻落实习近平新时代中国特色社会主义思想，全面建成小康社会，并在此基础上继续前进，开启全面建设社会主义现代化国家新征程，最终实现社会主义现代化和中华民族伟大复兴，首先要做的就是坚持以小康中国之路为重要段落的中国特色社会主义道路。

---

① 习近平：《在庆祝中国共产党成立100周年大会上的讲话》，人民出版社2021年版，第2页。

习近平总书记指出:"中国特色社会主义是中国共产党和中国人民团结的旗帜、奋进的旗帜、胜利的旗帜。我们要全面建成小康社会、加快推进社会主义现代化、实现中华民族伟大复兴,必须始终高举中国特色社会主义伟大旗帜,坚定不移坚持和发展中国特色社会主义。"①中国特色社会主义是中国共产党领导人民历经千辛万苦,付出巨大代价,经过长期艰辛探索开辟出来的。在党的十二大开幕词中,邓小平正式提出"走自己的道路,建设有中国特色的社会主义",在"南方谈话"中他说:"基本路线要管一百年,动摇不得。只有坚持这条路线,人民才会相信你,拥护你"。党的十八大报告指出:"回首近代以来中国波澜壮阔的历史,展望中华民族充满希望的未来,我们得出一个坚定的结论:全面建成小康社会,加快推进社会主义现代化,实现中华民族伟大复兴,必须坚定不移走中国特色社会主义道路。"习近平总书记在中国共产党成立95周年之际提出:"我们要坚信,中国特色社会主义道路是实现社会主义现代化的必由之路,是创造人民美好生活的必由之路。"

我们必须深刻认识以小康中国之路为重要段落的中国特色社会主义道路的唯一性。

中国特色社会主义道路之所以正确,之所以能够引领中国发展进步,在于其既坚持了科学社会主义的基本原则,又根据我国实际和时代特征赋予其鲜明的中国特色,在当代中国,坚

---

① 《十八大以来重要文献选编》(上),中央文献出版社2014年版,第74页。

持中国特色社会主义道路，就是真正坚持社会主义。中国特色社会主义道路之所以正确，还在于其经受了长期实践的检验。实践是检验思想理论是否科学的标准，也是衡量社会道路是否正确的尺度。中国共产党90多年艰苦卓绝的奋斗，新中国70多年翻天覆地的变化，改革开放、小康建设40多年举世瞩目的成就，都验证了以小康中国之路为重要段落的中国特色社会主义道路的巨大优越性。

2020年，我们在全面建成小康社会的决胜之年遭遇了新型冠状病毒疫情的严峻挑战，而全国疫情防控阻击战取得重大战略成果，再次彰显出小康中国之路、中国特色社会主义道路的卓越之处。"人民至上、生命至上，保护人民生命安全和身体健康可以不惜一切代价。"①依靠中国共产党以人民为中心的执政理念，中国集中力量办大事的制度特点，全国上下紧急行动，依托40多年来小康社会建设特别是党的十八大以来积累的雄厚综合国力和国家治理现代化建设的显著成效，在最短时间集中最大力量阻断疫情传播，让世界见证了小康中国的磅礴伟力。我国在世界主要经济体中率先实现正增长，预计2020年国内生产总值迈上百万亿元新台阶。中华民族同舟共济、守望相助的文化底色，中国人民深厚的家国情怀、天下情怀，更汇聚成为跨越巨大困难、全面建设社会主义现代化国家的澎湃动力。

对以小康中国之路为重要段落的中国特色社会主义道路，

---

① 《人民日报》2020年5月22日。

我们"必须倍加珍惜、始终坚持、不断发展"①。以史为鉴、开创未来，要求我们必须坚持和发展中国特色社会主义道路。走自己的路，是中国共产党的全部理论和实践立足点，更是中国共产党百年奋斗得出的历史结论。"中国特色社会主义是党和人民历经千辛万苦、付出巨大代价取得的根本成就，是实现中华民族伟大复兴的正确道路。"②中国共产党和中国人民坚持和发展中国特色社会主义道路，推动物质文明、政治文明、精神文明、社会文明、生态文明协调发展，创造了中国式现代化新道路，创造了人类文明新形态。

"小康"目标诞生40多年来，我们坚定不移地坚持中国特色社会主义道路，坚持不懈地进行改革开放和小康社会建设，从而在根本上改变了中国人民和中华民族的前途命运。同时，随着社会主义现代化事业继续全面快速发展，中国共产党对中国特色社会主义发展规律的认识，同提出这个命题时相比，大大地深化了。习近平总书记指出："纵观世界，变革是大势所趋、人心所向，是浩浩荡荡的历史潮流，顺之则昌、逆之则亡。领导我们这样前无古人、世所罕见的伟大事业，最要不得的是思想僵化、固步自封。我们既不能因为改革发展取得的成绩、得到的赞扬而骄傲自满，更不能躺在前人的功劳簿上睡大

---

① 《习近平谈治国理政》（第1卷），外文出版社2018年版，第6页。
② 习近平：《在庆祝中国共产党成立100周年大会上的讲话》，人民出版社2021年版，第13页。

觉。"①我们要继续深化对小康中国之路和中国特色社会主义道路的研究，快速展开对全面小康中国的探索，努力使中国特色社会主义道路越走越宽广。

---

① 《习近平关于全面深化改革论述摘编》，中央文献出版社2014年版，第11页。

2. 小康中国之路演绎改革开放精神

2019年,十九届四中全会再次强调:"全面建成小康社会,必须以更大的政治勇气和智慧,不失时机深化重要领域改革,坚决破除一切妨碍科学发展的思想观念和体制机制弊端"①。创造美好未来,需要不断解放思想,与时俱进,开拓创新。邓小平在南方谈话中讲道:"社会主义基本制度确立以后,还要从根本上改变束缚生产力发展的经济体制,建立起充满生机和活力的社会主义经济体制,促进生产力的发展,这是改革,所以改革也是解放生产力。"②来时路,我们用改革的办法解决了党和国家事业发展中的一系列问题。征途中,在认识世界和改造世界的过程中,又会不断产生新的问题,道路、理论、制度,甚至文化都需要不断发展完善,所以"改革既不可

---

① 《中共中央关于坚持和完善中国特色社会主义制度 推进国家治理体系和治理能力现代化若干重大问题的决定》,人民出版社2019年版,第47页。

② 《邓小平文选》第3卷,人民出版社1993年版,第370页。

能一蹴而就、也不可能一劳永逸"①。

今天，全面深化改革和扩大开放方兴未艾，其目的是"不断推进我国社会主义制度自我完善和发展，赋予社会主义新的生机活力"②。时代的重任迫切地要求我们，切实通过全面深化改革，扩大开放，不断发展中国特色社会主义。不管是全面小康社会的建成，还是在此基础上全面建设社会主义现代化国家，包括一系列的具体工作，每一个方面都面临着艰巨的发展和改革任务。全面深化改革，就是要在中国特色社会主义道路的根本方向指引下，对中国特色社会主义进行完善和发展。坚定道路自信，绝不是固步自封，而是要不断革除体制机制弊端，使我们的理念与时俱进，使我们的制度日趋成熟，确保中国特色社会主义道路走得宽广、长远。我们必须在体现时代性、把握规律性、富于创造性的基础上，以更大的政治勇气和智慧，不断推进改革、深化改革，破除现实存在的与五大发展理念相违背的思想观念误区和体制机制障碍。如习近平总书记指出的："今后，我们要坚持走这条正确道路，这是强国之路、富民之路。我们不仅要坚定不移走下去，而且要有新举措、上新水平。"③要有新举措、上新水平，就必然要求进一步的全面深化改革和扩大开放。

---

① 《习近平关于全面深化改革论述摘编》，中央文献出版社2014年版，第8页。
② 《习近平关于全面深化改革论述摘编》，中央文献出版社2014年版，第18页。
③ 《习近平关于全面深化改革论述摘编》，中央文献出版社2014年版，第2—3页。

"小康"目标的诞生是实事求是的成果,要在眼前确保经得起历史和人民检验地完成全面建成小康社会的历史使命,要在未来的激烈竞争中取得优势,我们依然要牢牢抓住"实事求是"这个传家宝。要清醒认识当今世界和当代中国发展的大势,全面把握我国发展的新要求和人民群众的新期待,从纷繁复杂的事物表象中把准改革脉搏,把握全面深化改革的内在规律,创造性地运用规律来指导研究和解决我国改革开放和社会主义现代化建设中的重大问题,使我们的思想和行动更加符合客观实际、更加符合社会主义初级阶段的国情和时代发展的要求、更加符合人民群众的愿望和利益。

坚持中国特色社会主义道路是做好一切工作的前提,全面深化改革、扩大开放是关系党和国家事业发展全局的重大战略部署,实现二者的有机结合、良性互动,是政治性很强的工作任务,也是坚定不移走中国特色社会主义道路在当今时代的必然要求。只有在正确的方向引领下,通过全面深化改革,扩大开放,不断拓展中国现代化道路,才能抓住难得的历史机遇,激发我国经济社会发展的生机和活力,增强我国的发展后劲,抢占未来发展制高点,在激烈的国际竞争中赢得主动;才能逐步解决我国发展过程中的深层次矛盾和问题,有效应对各方面的风险和挑战,彰显中国特色社会主义的制度优势,促进经济社会持续健康发展;才能克服前进道路上的艰难险阻,巩固全面建成小康社会的胜利成果,真正实现社会主义现代化和民族复兴的宏伟目标。中国共产党领导人民披荆斩棘、上下求索、奋力开拓、锐意进取,不断推进理论创新、实践创新、制度创新、文化创新以及其他各方面创新，敢为天下先，走出了前人没有走出的路，任何艰难险阻都没能阻挡住党和人民前进的步伐。在未来的道路上，需要我们继续顺应时代潮流，不断回应人民要求，准确识变、科学应变、主动求变，保持永不僵化、永不停滞，勇于推进改革走向深处远处，就一定能够持续创造出更多令人刮目相看的人间奇迹。

3. 小康中国之路确立迈向现代化国家的道路自信

"艰难方显勇毅，磨砺始得玉成。"①克服重重艰难困苦，全面建成小康社会，为开启全面建设社会主义现代化国家新征程奠定了坚实基础，我们与中华民族实现伟大复兴的距离进一步缩小，社会主义中国以更加雄伟的身姿屹立于世界东方。如今，我们处在全面建成小康社会、实现第一个百年奋斗目标之后，要乘势而上开启全面建设社会主义现代化国家新征程、向第二个百年奋斗目标进军的新发展阶段。"新发展阶段是我们党带领人民迎来从站起来、富起来到强起来历史性跨越的新阶段。""全面建设社会主义现代化国家、基本实现社会主义现代化，既是社会主义初级阶段我国发展的要求，也是我国社会主义从初级阶段向更高阶段迈进的要求。"②

方向决定前途，道路决定命运。道路问题是关系党的事业兴衰成败第一位的问题，也是关系国家和民族前途命运的核心

---

① 习近平：《二〇二一年新年贺词》（2020年12月31日），《人民日报》2021年1月1日。
② 《人民日报》2021年1月12日。

问题。习近平总书记指出:"历史和现实都告诉我们,一场社会革命要取得最终胜利,往往需要一个漫长的历史过程。只有回看走过的路、比较别人的路、远眺前行的路,弄清楚我们从哪儿来、往哪儿去,很多问题才能看得深、把得准。"①自从邓小平提出"小康"目标并明确宣示"走自己的道路,建设有中国特色的社会主义",党中央领导全国人民沿着小康中国之路不断开拓前行,一棒接着一棒跑,40余年如一日,创造出令世人惊叹的中国奇迹。小康中国之路取得辉煌成功的事实清楚地告诉每一个人,中国人民为实现中华民族伟大复兴的中国梦,已经找到了一条正确的通向现代化宏伟目标的康庄大道。以小康中国之路为重要阶段的中国特色社会主义道路,既是实现社会主义现代化的必由之路,也是创造全体人民美好生活的必由之路。因此,确立对这条胜利道路的绝对自信,坚定不移、坚持不懈、坚韧不拔地沿着这条正确道路走下去,是中国共产党和中国人民的必然选择。

坚定道路自信,最终还是要落实到新的实际工作中去,体现在新的发展成就上来。

邓小平在20世纪80年代中期就指出:"中国没有共产党的领导、不搞社会主义是没有前途的。这个道理已经得到证明,将来还会得到证明。如果我们达到人均国民生产总值四千美元,而且是共同富裕的,到那时就能够更好地显示社会主义制度优于资本主义制度,就为世界四分之三的人口指出了奋斗方

---

① 习近平在学习贯彻党的十九大精神研讨班开班式上的讲话(2018年1月5日),新华社2018年1月5日电。

向,更加证明了马克思主义的正确性。所以,我们要理直气壮地坚持社会主义道路"①。站在小康中国之路的高峰、全面建成小康社会的崭新历史起点,道路前方的下一个目标十分清晰,即到2035年基本实现社会主义现代化,到本世纪中叶把我国建成富强民主文明和谐美丽的社会主义现代化强国,党中央的相关战略安排也在不断深化和细化之中,等待我们用更高水平的建设实践去落实。"征途漫漫,惟有奋斗。"②我们需要看到,当今世界正经历百年未有之大变局,我国发展的外部环境日趋复杂,必须办好自己的事,才能防范化解各类风险隐患,有效应对外部环境变化带来的冲击挑战,真正维护国家安全,保持经济行稳致远、社会和谐安定。未来,我们在经济、社会、文化、生态等各领域都要体现高质量发展的要求,并使发展成果更好惠及全体人民,不断实现人民对美好生活的向往。

《中共中央关于党的百年奋斗重大成就和历史经验的决议》明确指出:"坚持中国道路。方向决定道路,道路决定命运。党在百年奋斗中始终坚持从我国国情出发,探索并形成符合中国实际的正确道路。中国特色社会主义道路是创造人民美好生活、实现中华民族伟大复兴的康庄大道。脚踏中华大地,传承中华文明,走符合中国国情的正确道路,党和人民就具有无比广阔的舞台,具有无比深厚的历史底蕴,具有无比强大的前进定力。只要我们既不走封闭僵化的老路,也不走改旗易帜

---

① 《邓小平文选》第3卷,人民出版社1993年版,第196页。
② 习近平:《二〇二一年新年贺词》(2020年12月31日),《人民日报》2021年1月1日。

的邪路，坚定不移走中国特色社会主义道路，就一定能够把我国建设成为富强民主文明和谐美丽的社会主义现代化强国。"①

小康中国之路，用实事求是将中国的现代化道路引导到正确的方向，用开拓创新将中国特色社会主义道路引领至全新的高度，用道路自信将全面建设社会主义现代化国家引申向胜利的终点。

小康中国之路，是中国乃至人类社会发展进程中影响深远的重要段落。

---

① 《中共中央关于党的百年奋斗重大成就和历史经验的决议》，人民出版社2021年版，第68页。

参考文献

（以首字母顺序为序）

1．陈云：《陈云文选》[M]，北京：人民出版社，1995年版。

2．陈明显主编：《邓小平南方谈话与中国经济社会发展》[M]，北京：中共中央党校出版社，2002年版。

3．邓小平：《邓小平文选》（第2卷）[M]，北京：人民出版社，1993年版。

4．邓小平：《邓小平文选》（第3卷）[M]，北京：人民出版社，1994年版。

5．邓小平：《邓小平文集（1949—1974）》[M]，北京：中央文献出版社，2014年版。

6．《党的十九大报告辅导读本》[M]，北京：人民出版社，2017年版。

7．国家民族事务委员会、中共中央文献研究室编：《新时期民族工作文献选编》[M]，北京：中央文献出版社，1990年版。

8．胡锦涛：《胡锦涛文选》[M]，北京：人民出版社，2016年版。

9．胡锦涛：《在省部级主要领导干部提高构建社会主义和谐社会能力专题研讨班上的讲话》[M]，北京：人民出版社，

2005年版。

10. 胡锦涛：《论构建社会主义和谐社会》[M]，北京：中央文献出版社，2013年版。

11. 江泽民：《江泽民文选》[M]，北京：人民出版社，2006年版。

12. 江泽民：《论科学技术》[M]，北京：中央文献出版社，2001年版。

13. 江泽民：《论党的建设》[M]，北京：中央文献出版社，2002年版。

14. 江泽民：《论社会主义市场经济》[M]，北京：中央文献出版社，2006年版。

15. 列宁：《列宁全集》[M]，北京：人民出版社，2017年版。

16. 《李先念年谱》[M]，北京：中央文献出版社，2011年版。

17. 《李先念传（1949—1992）》[M]，北京：中央文献出版社，2009年版。

18. 李岚清：《突围——国门初开的岁月》[M]，北京：中央文献出版社，2008年版。

19. 刘国光等编著：《中国十个五年计划研究报告》[M]，北京：人民出版社，2006年版。

20. 卢荻：《伟人的胆识和胸怀：记任仲夷回忆邓小平》[J]，《百年潮》，2008年第10期。

21. 马克思、恩格斯：《马克思恩格斯选集》[M]，北京：

人民出版社，2012年版。

22．马克思、恩格斯：《马克思恩格斯全集》[M]，北京：人民出版社，1995、1996、1998、2001—2003、2005—2008、2015、2016、2018年版。

23．马克思、恩格斯：《马克思恩格斯文集》[M]，北京：人民出版社，2009年版。

24．毛泽东：《毛泽东选集》[M]，北京：人民出版社，1991年版。

25．毛泽东：《毛泽东文集》[M]，北京：人民出版社，1993、1996、1999年版。

26．毛泽东：《在中国共产党第七届中央委员会第二次全体会议上的报告》[M]，北京：人民出版社，2004年版。

27．孙中山：《孙中山全集》[M]，北京：中华书局，1982年版。

28．孙中山：《孙中山选集》[M]，北京：人民出版社，1956年版。

29．习仲勋：《习仲勋文选》[M]，北京：中央文献出版社，1995年版。

30．习近平：《习近平谈治国理政》（第1卷）[M]，北京：外文出版社，2018年版。

31．习近平：《习近平谈治国理政》（第2卷）[M]，北京：外文出版社，2017年版。

32．习近平：《干在实处　走在前列——推进浙江新发展的思考与实践》[M]，北京：中共中央党校出版社，2006年版。

33．习近平：《紧紧围绕坚持和发展中国特色社会主义书学习宣传贯彻党的十八大精神——在十八届中共中央政治局第一次集体学习时的讲话》[M]，北京：人民出版社，2012年版。

34．习近平：《在庆祝中国共产党成立95周年大会上的讲话》[M]，北京：人民出版社，2016年版。

35．习近平：《在中国文联十大、中国作协九大开幕式上的讲话》[M]，北京：人民出版社，2016年版。

36．叶剑英：《叶剑英选集》[M]，北京：人民出版社，1996年版。

37．周恩来：《周恩来选集》[M]，北京：人民出版社，1980、1984年版。

38．朱镕基：《朱镕基讲话实录》[M]，北京：人民出版社，2011年版。

39．《中共中央关于制定国民经济和社会发展第十个五年计划的建议》[M]，北京：人民出版社，2000年版。

40．《中共中央关于构建社会主义和谐社会若干重大问题的决定》[M]，北京：人民出版社，2006年版。

41．《中国共产党第十九次全国代表大会文件汇编》[M]，北京：人民出版社，2017年版。

42．《中共中央关于坚持和完善中国特色社会主义制度 推进国家治理体系和治理能力现代化若干重大问题的决定》[M]，北京：人民出版社，2019年版。

43．《中国共产党农村工作条例》[M]，北京：人民出版社，2019年版。

44．中共中央党史研究室编著：《中国共产党的九十年》[M]，北京：中共党史出版社、党建读物出版社，2016年版。

45．中共中央文献研究室、中共中央档案馆编：《建党以来重要文献选编（1921—1949）》[M]，北京：中央文献出版社，2011年版。

46．中共中央文献研究室编：《毛泽东传（1949—1976）》[M]，北京：中央文献出版社，2011年版。

47．中共中央文献研究室编：《毛泽东思想年编（1921—1975）》[M]，北京：中央文献出版社，2011年版。

48．中共中央文献研究室编：《邓小平年谱（1904—1974）》[M]，北京：中央文献出版社，2009年版。

49．中共中央文献研究室编：《邓小平年谱（1975—1997）》[M]，北京：中央文献出版社，2004年版。

50．中共中央文献研究室编：《邓小平思想年谱（1975—1997）》[M]，北京：中央文献出版社，1998年版。

51．中共中央文献研究室编：《邓小平思想年编（1975—1997）》[M]，北京：中央文献出版社，2011年版。

52．中共中央文献研究室编：《回忆邓小平》[M]，北京：中央文献出版社，1998年版。

53．中共中央文献研究室编：《江泽民思想年编（1989—2008）》[M]，北京：中央文献出版社，2010年版。

54．中共中央文献研究室编：《习近平关于全面深化改革论述摘编》[M]，北京：中央文献出版社，2014年版。

55．中共中央文献研究室编：《习近平关于协调推进"四个全面"战略布局论述摘编》[M], 北京: 中央文献出版社, 2015年版。

56. 中共中央文献研究室编:《习近平关于全面建成小康社会论述摘编》[M], 北京: 中央文献出版社, 2016年版。

57. 中共中央文献研究室编:《建国以来重要文献选编》[M], 北京: 中央文献出版社, 2011年版。

58. 中共中央文献研究室编:《新时期党的建设文献选编》[M], 北京: 中央文献出版社, 1991年版。

59. 中共中央文献研究室编:《十二大以来重要文献选编》[M], 北京: 中央文献出版社, 2011年版。

60. 中共中央文献研究室编:《十三大以来重要文献选编》[M], 北京: 中央文献出版社, 2011年版。

61. 中共中央文献研究室编:《十四大以来重要文献选编》[M], 北京: 中央文献出版社, 2011年版。

62. 中共中央文献研究室编:《十五大以来重要文献选编》[M], 北京: 中央文献出版社, 2011年版。

63. 中共中央文献研究室编:《十六大以来重要文献选编》[M], 北京: 中央文献出版社, 2011年版。

64. 中共中央文献研究室编:《十七大以来重要文献选编》[M], 北京: 中央文献出版社, 2011年版。

65. 中共中央文献研究室编:《十八大以来重要文献选编》(上、中)[M], 北京: 中央文献出版社, 2014、2016年版。

66. 中共中央党史和文献研究院:《十八大以来重要文献

选编》（下）[M]，北京：中央文献出版社，2018年版。

67．中共中央党史和文献研究院：《十九大以来重要文献选编》（上）[M]，北京：中央文献出版社，2019年版。

68．中共中央党史和文献研究院：《改革开放四十年大事记》[M]，北京：人民出版社，2018年版。

69．《2015全国两会文件学习读本》[M]，北京：人民出版社，2015年版。

后记
postscript

　　这本书写作于中国十四亿多人口实现全面小康之际，是从历史与文献的角度对这条小康中国之路的回顾、总结与展望。写这本书的目的，是记述中国小康社会艰苦而又辉煌的建设历程，阐释其对中国乃至人类社会发展进程的深远影响。这本书完成的时候，我们仍然面对着来自国内与国外一系列的困难与挑战，而开创未来的方法其实就蕴藏在这来时的道路之中。无论是个人集体，还是国家民族，当遇到困难时，首先必须积极应对，不能回避问题，接下来就是坚持与改革，二者毫不冲突，辩证统一。坚持需要自信，需要毅力；改革需要勇气，需要智慧；还需要有一个历史的眼光来区分什么该坚持，什么该改革。

　　我能够写成这本书，得益于在中央党史和文献研究院多年的工作中积累的理论成果和文献资料，包括书中运用的许多珍贵的一手访谈和原始记录资料，使本书有关小康中国之路的记述更为可靠，阐释较有新意。特此向长期以来给与我指导和帮助，以及在全国各地接受过采访的各位领导、老师、朋友和同事们，致以最真挚的谢意。本书得以面世，还得益于四川人民出版社的大力支持，尤其是黄立新社长、章涛社长助理和文史出版中心编辑段瑞清老师付出了许多心血，由衷感谢。还要感谢本书的每一位读者，由于本人学识水平有限，书中难免存在不足，一并致歉。

周　锟
农历壬寅年春节于北京